Keine Liebe ohne Hoffnung

Über die Autorin

Kim Barkmann wurde 1957 in Hamburg geboren, wo sie später auch Germanistik, Erziehungswissenschaft und Philosophie studierte. Ihr Studium finanzierte sie selbst als Dozentin im Fachbereich Deutsch als Fremdsprache an der Hamburger Volkshochschule. Beide Staatsexamina absolvierte sie „mit Auszeichnung". Später folgten Reisen durch Europa und Nordamerika, insbesondere durch Minnesota, wo sie enge Freundschaften zu den Ojibway-Indianern knüpfte.

Inspiriert durch die Erlebnisse auf ihren Reisen absolvierte sie eine mehrjährige Ausbildung zur weisen Frau, Besprecherin und Schamanin. Im August 1996 verließ sie Hamburg, um im Wendland die erste Besprecherschule Deutschlands zu gründen. Seit 2000 lebt sie unter der Bezeichnung De Wise Fru (niederdeutsch für die weise Frau) in ihrem eigenen Seminarhaus in der Altmark, wo sie ihrer Tätigkeit als weise Frau nachgeht.

Ihre Begeisterung für inneres Wachstum und Persönlichkeitsentwicklung führten sie auf die Spur der Ur-Psychologie. Eine Wiederentdeckung uralter psychologischer Methoden, die 2014 in der Gründung des IWP, Institutes für Weisheit und Persönlichkeitswachstum mündete, wo Ur-Psychologie angewendet und auch ausgebildet wird.

Kim Barkmann

De Wise Fru

Keine Liebe ohne Hoffnung

Bibliografische Information der Deutschen Nationalbibliothek: Die
Deutsche Nationalbibliothek verzeichnet diese Publikation in der
Deutschen Nationalbibliografie; detaillierte bibliografische Daten sind im
Internet über *dnb.dnb.de* abrufbar.

Textsatz: Jana Petersen
Umschlaggestaltung: Jana Petersen
Coverbild: Mark Dixon - Eigenes Werk, CC-BY 4.0,
https://commons.wikimedia.org/w/index.php?curid=39781037Lektorat:
Sibylle Dollinger

Herstellung und Verlag:
BoD – Books on Demand, Norderstedt
ISBN 978-3-7392-3570-7

Danksagung

Niemand schafft es allein!

Kein Buch ist das Werk einer einzelnen Person, auch dieses hier nicht. Ohne meine Freunde und Helfer hätte ich es niemals geschafft. Darum bedanke ich mich hier bei Jana Petersen, die das Cover gestaltet hat und mich auch sonst in so vielen Belangen unterstützt. Ich bin so froh, dass es dich gibt!

Ich danke Mark Dixon für das schöne Bild auf diesem Buch. Es gefällt mir so sehr!

Von Herzen danke ich auch Frau Dollinger, die das Buch korrigiert hat. Sie hat sich kongenial in meine Gedanken eingefühlt und Berichtigungen vorgenommen, die ich als Verbesserungen empfunden habe. Und sie hat mich an die alte Regel erinnert, dass man keinen Satz mit dem Wort „und" anfangen soll. (☺) Ich habe diesen Satz eben nur zum Spaß mit „und" angefangen. Tatsächlich habe ich all die heraus gestrichenen Unds in diesem Buch auch wirklich weg gelassen. Ohne sie liest sich das Buch viel besser. Manchmal übertreibe ich es mit meiner Neigung, umgangssprachlich zu schreiben.

Ich danke all den Menschen, die hier in den Beispielen beschrieben werden und all denen, die mich zu diesem Buch inspirierten.

INHALT

Vorwort 9

Vorwort 2 für dein Herz 17

1 Alles dreht sich um Entwicklung................. 23

2 Die Krise der Nuss 39

3 Wie funktioniert das noch mal schnell? 41

4 Der freie Wille 55

5 Unsere Schöpfungen 67

6 Unsere Beziehungen 87

7 Machtspielchen 111

8 Respekt 123

9 Wie vollzieht sich das Wachstum in uns? .. 129

10 Selbstbetrachtung 133

11 Andere Menschen sehen und wahrnehmen
.... 145

12 Kritik 155

13 Ein paar Methoden 159

14 Persönlichkeitsentwicklung - das Thema der
Zukunft 183

15 Und die Liebe?... 191

Wer ist De Wise Fru?................................... 197

VORWORT

Wir schreiben den 7. Dezember 2015.

Eben bin ich aus Salzwedel zurückgekehrt, habe den Einkauf verstaut, schnell etwas gegessen, ein wenig aufgeräumt und eine kleine Pause gemacht, in der ich ausgiebig mit meiner lieben Katze, Selina geschmust habe. Und jetzt, um 17.35 Uhr beginne ich mein neues Buch mit dem Titel „Keine Liebe ohne Hoffung".

Ich habe dieses Buch so genannt, weil ich mich bemühen will, dir Hoffnung zu geben und mehr als das. Es soll mein Bemühen sein, hier ein Buch zu schreiben, das den Menschen den Sinn all der Schwierigkeiten erklärt, sie inspiriert, ihnen zeigt, dass es Wege gibt und ihnen auf die Sprünge hilft, auch ihren eigenen, ganz persönlichen Weg zu finden. Ein ganz schön hoch gestecktes Ziel, befürchte ich. Kann sein, dass es mir nicht gelingt. Aber andererseits besitze ich all diese Dinge: Hoffnung, Sinn, Inspiration und Weg. Sollte ich da nicht wenigstens mein Bestes versuchen, um diese Geschenke mit dir zu teilen?

Was ich hier beschreiben will, das ist überhaupt nicht neu. Tatsächlich gibt es schon sehr viele Bücher, in denen du genau die gleichen Informationen finden kannst. Es gibt viele andere Schriftsteller und spirituelle Autoren, die mindestens genau so schlau sind, wie ich. Aber es gibt da diese eine Sache, die ich einfach unheimlich gut kann. Indem ich diese eine Sache hinzufüge, wird es am Ende doch ein ganz anderes und neues Buch. Weißt du, jeder Mensch hat ein ganz besonderes Talent, eine Sache, die er besser kann als alle anderen. Eine Sache, die ihm so leicht fällt, dass er oftmals gar nicht bemerkt, dass etwas Besonderes daran ist. Eine Sache, die dieser Mensch selbst dann ohne Umschweife für dich tun könnte, wenn du ihn um 4 Uhr morgens aufweckst, weil sie so zutiefst mit ihm zusammenhängt, so sehr ein Teil von ihm ist, dass er diese Gabe nie verliert. Natürlich ist das bei jedem Menschen etwas anderes. Der eine kann gut zuhören, der andere gut reden, der dritte Mut machen und so weiter. Jeder, auch du, besitzt so eine Gabe. Und meine spezielle Gabe besteht darin, die Brücke bauen zu können zwischen all den großartigen, spirituellen Informationen, dem Wissen, dem Geist, der Erleuchtung und deinem – ja deinem – persönlichen, hiesigen, irdischen Leben. Es gibt tolle spirituelle Bücher, in denen etwas darüber steht, wie erleuchtete Menschen, die kein Ego mehr haben, so ticken. Aber sie sind wie Geschichten aus einer anderen Welt. In den allerwenigsten Büchern stehen brauchbare Informationen darüber, wie man denn nun wirklich da auch hin kommt. Klar, es gibt Bücher über Meditation, Joga, oder andere Praktiken. Sie sollen ja eigentlich Wege beschreiben, Wege von A nach B. Wege von da, wo du jetzt gerade in deinem Leben stehst, zu jenen faszinierenden Zuständen von Friede, Freiheit und Glückseligkeit. Trotzdem finde ich es oft geradezu erbärmlich, wie wenig diese Bücher am Ende darüber aussagen, wie du da hin gelangen kannst. Das liegt daran, dass diese Wege unglaublich individuell sind. Tatsächlich gibt es genau so viele Wege wie es Menschen gibt. Damit ist schon mal klar, dass auch dieses Buch dir keinen perfekten, patentierten Weg in deine Kraft und dein Glück weisen kann. Aber immerhin ist dieses spezielle Brückenschlagen nun zufällig meine besondere Gabe. Deshalb dürfen wir zumindest hoffen, dass dieses Buch den einen oder anderen echt neuen und vor allem echt brauchbaren Tipp dazu abzugeben hat.

Ich bemerke sehr oft, wenn ich mich in spirituellen Kreisen bewege, dass dort viel Wahrheit gesprochen wird, ohne dass diese Wahrheiten auch verstanden worden sind. Die

Menschen sagen zum Beispiel: „Wir sind die Schöpfer unseres eigenen Schicksals", aber sie wissen selbst nicht WIE wir das genau machen. Der Satz ist meistens nur so eine Art Postulat. Das hast du dir selbst erschaffen! Patsch, da hast du es! Aber die nächstliegende Frage: „Wie hab ich das gemacht und vor allem, wie kann ich mir jetzt hier sofort etwas anderes erschaffen?" Die können die meisten eben nicht beantworten. Es gibt da sehr viele Missverständnisse. Und diese Missverständnisse bewirken etwas, nämlich dass uns diese Dinge kompliziert und schwierig erscheinen. Das sind sie jedoch nicht. Die Göttliche Wahrheit ist einfach und für jeden verständlich. Stößt du also bei Heilern, Helfern, Lehrern oder in Büchern auf komplizierte Gedanken oder auf Übungen, die so schwierig sind, dass du nicht mehr den Eindruck hast, sie bewältigen zu können, dann kannst du dir sicher sein: Hier hast du es nicht mit Wahrheit zu tun, sondern Verstand. Verstand liebt es kompliziert und erschafft gern komplizierte Systeme.

Das ist bei uns Menschen einfach so. Überall da, wo wir nicht verstehen, springt unser Verstand in die Bresche und findet ein paar Erklärungen für uns. Und dadurch vermischen sich dann die echten spirituellen Weisheiten mit den vom Verstand hinzugefügten Versatzstücken und das macht alles so kompliziert.

Und das führt dann oft auch zur Gedankentyrannei. Uns wird gesagt, wir sollen positiv denken und es seien unsere Gedanken, die uns etwas Schlimmes erschaffen können. Das ist eine wahre Aussage, die aber dann fast immer falsch verstanden wird.

Die Menschen denken dann, sie müssen sich zwingen, unbedingt positiv zu denken. Dann passiert es ihnen vielleicht, dass jemand gegen sie intrigiert, sie anschreit, übel kritisiert oder sich auf andere Art schlecht benimmt. Und was machen diese Menschen dann? Sie denken positiv darüber. Kannst du dir vorstellen, wie sehr die arme Seele sich innerlich verrenken muss, um aus einer Beleidigung etwas Positives zu machen? Und in diesem Verhalten liegt dann echte Verleugnung, die ihrerseits auch Schöpfungskraft besitzt, denn die wahren Gefühle bleiben auf der Strecke, werden unterdrückt, verleugnet, geleugnet, haben kein Bleiberecht.

Es ist schwer, so zu sein und so zu leben.

Aber so war das auch nie gemeint.

Wenn du erst einmal die kleine Grenze deiner eigenen Bedenken gegen Wahrheit und Wahrhaftigkeit durchbrochen hast und dich traust, so zu fühlen und so zu denken, wie es deiner inneren Wahrheit entspricht, wird dein Leben gleich um Längen einfacher und entspannter. Am Anfang ist es schwer, weil wir ja alle so konditioniert sind, wie es unserer Gesellschaft entspricht. Da verurteilt man sich noch, weil man gewagt hat, die Wahrheit zu denken oder womöglich gar auszusprechen. Aber das gibt sich. Es ist um Längen einfacher, diese Grenze einfach zu überschreiten, als ein Leben lang dahinter zu bleiben und sich innerlich zu verrenken.

Das war jetzt nur ein Beispiel. Es gibt viele solcher Bereiche, in denen wir Wahrheiten gehört oder gelesen haben, die uns vermischt mit Irrtümern präsentiert wurden. Und wir selbst haben dann vielleicht auch noch ein paar Dinge selber falsch verstanden. Da kann es schon vorkommen, dass uns alles hoffnungslos, hoffnungslos kompliziert, hoffnungslos überfordernd und unerreichbar erscheint.

Das sind die Bereiche, in die ich meine spezielle Gabe hineintragen will. Ich kann zumindest die meisten Missverständnisse wieder aussieben und dadurch die Brücke bauen zwischen dir und dem, wo du hingelangen kannst, um dich gut zu fühlen. Ich mache das ständig. Selbst im Traum bin ich oft damit beschäftigt, solche Brücken zu bauen.

Das Jahr 2015 war für sehr viele Menschen ein unglaublich schwieriges Jahr. Auch für mich war es das. Es ist sehr vieles passiert und viele Probleme haben sich aufgetürmt. Die Menschen um mich herum berichten mir in Gesprächen und Telefonaten von all den Herausforderungen, vor die das Jahr 2015 sie gestellt hat. Was wir global in den Nachrichten hören (Eskalation der Gewalt, Flüchtlingsströme, Hungerkatastrophen und Wirbelstürme), das erleben viele Menschen in kleinerem Umfange auch in ihren persönlichen Leben. Ich zum Beispiel hatte 2015 den Noro Virus und landete damit im Krankenhaus, hatte einen Unfall, mir wurde mein Dreirad gestohlen, mein einziger fahrbarer Untersatz, ein extremer Virus zerschlug meinen PC und vernichtete alle meine

E-Mail Adressen, die für mein Geschäft unverzichtbar waren, mein früheres Geschäft ging pleite und mein Vater wurde zu einem Pflegefall. Alles 2015. Das sind meine Wirbelstürme, Hungerkatastrophen und andere Eskalationen. Es bestehen da Zusammenhänge, über die ich in diesem Buch sprechen werde. Du bist ein Teil der Welt und was mit der Welt geschieht, das geschieht auch mit dir.

An dieser Stelle wird es aber zu einer überaus frohen Botschaft zu erfahren, dass wir selber Schöpfer unseres Schicksals sind. Wir sind nämlich hier keine Opfer. All diese Ereignisse in meinem Leben und auch die Ereignisse in deinem Leben, sie sind Aufforderungen. Wir werden aufgefordert, etwas zu tun. Nicht Spenden an das rote Kreuz, obwohl das auch eine schöne Sache ist, aber darum geht es nicht. Es geht um eine ganz klare Aufforderung an uns, unsere Schöpferkraft zu verstehen und sie sinnvoll und heilend zu nutzen. Du hast da nämlich Möglichkeiten und ich möchte dir helfen, sie zu erkennen und zu nutzen. Und es ist NICHT schwierig und NICHT kompliziert. Warum sollte Gott dich vor Aufgaben stellen, die du gar nicht bewältigen kannst? Das würdest du mit deinen eigenen Kindern doch auch nicht machen. Wenn du einen dreijährigen kleinen Sohn hast, würdest du ihm doch auch keine Feder in die Hand drücken und von ihm verlangen, ein Konzert zu schreiben, eine Enzyklopädie oder eine Erklärung der Relativitätstheorie. So ein Ansinnen wäre doch absurd, oder? Das kann ein Dreijähriger doch gar nicht. Entsprechend verlangt Gott von dir auch nichts, was dich radikal überfordern würde. Im Gegenteil sogar, ganz im Gegenteil. Mal abgesehen davon, dass Gott sowieso gar nichts von dir verlangt, würde er sich für dich wünschen, dass du es dir herausnimmst, es dir leichter zu machen, indem du einfach mehr du selbst bist und dich weniger in das Gesellschaftskorsett zwängst. Es geht tatsächlich darum, es leichter zu machen, einfacher, freier, fröhlicher, entspannter, interessanter. So wie ich vorhin sagte: Es ist schwer, sich innerlich dauernd zu verrenken, um negative Dinge als etwas Positives zu sehen. Einfacher und entspannter ist es, die Wahrheit einfach nicht mehr zu verleugnen. Das heißt ja nicht, dass man sie unbedingt in den Straßen herausschreien muss. Das könnte nämlich dann wieder schwierig werden. Dann kommen all die Leute, die es für sich selbst noch nicht gewagt haben, sich von der Verrenkung zu befreien und verübeln es dir, dass du schon frei bist. Dann musst du dich mit ihren Urteilen und Kritiken auseinandersetzen und das könnte weh tun. Ich hab nicht gesagt, dass du das tun musst. Ich meinte nur, es ist einfach, sich im eigenen Innern die Freiheit zu nehmen, die Dinge einfach so zu sehen wie sie sind, unverbrämt.

Wenn mich einer kritisiert, ist das eine Kritik! Basta!

Wenn mich einer beleidigt, ist das eine Beleidigung! Basta!

Wenn einer gegen mich intrigiert, ist das eine Intrige!

Wenn mich einer beklaut, ist das Diebstahl!

Ich habe keine Lust, das alles umzuinterpretieren, zu beschönigen oder Erklärungen und Entschuldigungen für den anderen zu finden.

„Ja, er tut das ja nur, weil er es nicht versteht. Er hat es nicht besser gelernt. Er merkt gar nicht, was er da tut. Sie hat ja den Krieg noch miterlebt und das hat ihre Seele verändert. Sie hat ja immer Schmerzen, sie ist sehr arm und und und"

Hier ein Gleichnis:

Ein stiller Bergsee liegt da wie ein Spiegel. Da kommt eine liebliche Maid und blickt in den See. Der See spiegelt ihr liebliches Gesicht wieder.

Dann kommt ein hasserfüllter, böser Mensch daher mit einem vom Hass verzerrten Gesicht und blickt in den See. Der See spiegelt ihm sein hasserfülltes Gesicht wieder. Das erschreckt die zarten Birken, die um den See herum stehen, und sie sagen zu dem See: „Aber was für ein schreckliches Bild zeigst du diesem armen Menschen? Hättest du nicht wenigstens ein paar Wellen kräuseln lassen können, um den Schock abzumildern?" Der See aber antwortet: „Ich bin nicht der Schöpfer dieses Gesichtes. Ich bin nur der Spiegel. Ich kann nur zeigen, was ich sehe. Wenn jener Mensch etwas Schöneres erblicken will, muss er sich mir anders zeigen".

Dieses Gleichnis sagt genau das aus, wovon ich hier gesprochen habe. Es ist für den See ganz einfach, das Gesicht wiederzuspiegeln. Aber es wäre schwer, ja unmöglich für ihn, etwas anderes zu zeigen. Und du bist nicht der hasserfüllte Mensch, sondern du bist der See. In diesem Buch will ich dir zeigen, wie du es dir wieder einfach machen kannst, wie du zu dir selbst zurückkehren kannst und wie auf einmal alles Sinn ergibt.

VORWORT 2 FÜR DEIN HERZ

Inzwischen haben wir den 31. Dezember und ich habe mittlerweile mehr als hundert Seiten in dem neuen Buch geschrieben und mindestens 30 davon wieder verworfen. Dabei ist mir aufgefallen, dass ich eine Sache am Anfang vergessen habe zu erwähnen. Dieses Thema ist aber so wichtig, dass du es unbedingt vorher kennen solltest, bevor du anfängst, dies Buch zu lesen.

In dem ersten Vorwort schreibe ich ja, ich werde dir zeigen, wie du es dir leichter machen kannst, indem du zu dir selbst zurückkehrst.

Aber einer der Gründe, warum Menschen es oft als so erschreckend schwer empfinden, sich zu entwickeln und auf die Herausforderung zur Flexibilität zu reagieren, liegt in ihrer Herzlosigkeit sich selbst gegenüber. Deshalb möchte ich dir unbedingt mitteilen, dass du dich selbst in dein Herz aufnehmen solltest. Nur so kann dieses Buch leicht für dich werden.

Na und was meint sie denn jetzt damit? Klingt irgendwie esoterisch. Dich selbst in dein Herz aufnehmen?

Ich meine damit hier gewiss kein sonderbares Ritual, bei dem du dir eine Vision deines Herzens machst und dich dann darin einfügst. Das würde so nämlich hier nicht helfen. Hier werden praktische Maßnahmen gebraucht. Herzlichkeit zeigt sich in erster (nicht einziger) Linie in unseren Handlungen.

Zum Beispiel hatte ich mal einen Bekannten, nennen wir ihn mal Jörg, der besuchte mich ab und zu, kam dann aber immer mitten in der Nacht, wenn ich schon längst schlief. Ich deponierte dann den Haustürschlüssel für ihn, machte auf dem Weg die Lichterketten an, damit er nicht durch die Dunkelheit stolpern musste, machte im Garten den

Leuchtfrosch an, der meditierend auf einem Stein sitzt und „geschmackvoll" seine Leuchtfarben wechselt. (Ja, okay, das ist Kitsch, aber ich liebe den Frosch) Und oben im Gästezimmer hatte ich damals so einen künstlichen Kamin. Den machte ich auch immer für ihn an, weil ich wusste, wie sehr er das liebte. Und wenn er dann nachts um drei Uhr oder so ankam, begrüßten ihn die bunten Lichter, der Leuchtfrosch und der Elektrokamin. Darin zum Beispiel zeigt sich Herzlichkeit. Ich habe dies alles getan, um ihn zu erfreuen und ihn Willkommen zu heißen. Mein Herz hat sich durch diese Handlungen mit seinem verbunden.

Nun könnte das natürlich auch jemand ganz genau so tun, der keine Herzlichkeit besitzt. Viele Menschen machen das. Sie machen Gesten, die Herzlichkeit ausdrücken sollen. Sie verschicken Weihnachtskarten und Sylvestergrüße und liebe Worte, die sie aber gar nicht fühlen können. Es sind nur leere Gesten. Diese Menschen möchten vielleicht gern herzlich sein, wissen aber nicht, wie das geht und versuchen es halt auf diese Weise. Darin steckt nichts Böses, gar nicht. Es fühlt sich nur eben nicht herzlich an, wenn es nicht herzlich ist.

Kennt ihr diese Mütter, die sich Arme und Beine für ihre Kinder ausreißen, die von Pontius bis Pilatus rennen, um nur ja die richtigen Weihnachtsgeschenke zu besorgen, das richtige Essen, die richtige Dekoration. Und doch fühlt sich keiner dort wohl. Alle möchten lieber woanders sein und die Hälfte der Familienmitglieder wird noch rechtzeitig zum Fest krank und muss nicht kommen. Diese Mütter tun gar nichts Böses. Es wäre herzlos, schlecht über sie zu denken. Sie können es eben nicht besser. Ihre Handlungen kommen aus einer anderen Quelle, vielleicht aus der Schuld, der Pflicht oder dem inneren Inquisitor. Das ist der Grund, warum es sich für andere eher unangenehm anfühlt.

Was du für dich selber brauchst, ist echte Herzlichkeit. Hier mal ein Beispiel:

Eine Frau, die ich schon recht lange kenne, und der ich gern aus dem Wege gehe, setzte sich bei einer Veranstaltung zu mir und erzählte mir sofort ihren Kummer, der darin bestand, dass sie immer wieder von den Menschen abgelehnt wurde. Und am Ende fragte sie mich ganz direkt: „Kim, warum passiert mir das immer?"

Du musst wissen, dass ich es mir angewöhnt habe, auf solche Fragen, die so direkt an mich gerichtet sind, immer mit Wahrheit zu antworten. Darum sagte ich zu ihr: „Der Grund für diese Zurückweisungen durch die anderen Menschen ist, dass du nicht herzlich bist. Kein Bisschen, nicht zu dir selbst und nicht zu anderen."

Daraufhin weinte sie und sagte so etwas wie: „Ich bin Scheiße, ich weiß. Ich bin ein schlechter Mensch". (Die Arme)

Und weißt du was? Genau damit bestätigte sie, was ich gesagt hatte. Kein bisschen Herzlichkeit für sich selber. Wenn Menschen nicht herzlich sind, dann liegt es kaum jemals daran, dass sie es nicht wollen. Wahrscheinlich hatten sie in ihrer Kindheit Erfahrungen, die sie gelehrt haben, lieber eine Mauer um ihr Herz zu bauen, ihre wahren Gefühle lieber nicht zu zeigen. Vielleicht hat man ihnen sehr weh getan und das Herz zu verschließen wurde eine Überlebensstrategie. Vielleicht konnten sie nur seelisch überleben, indem sie sich von diesem so verletzbaren Aspekt ihres Selbst abschotteten. Soll heißen: Hinter der Herzlosigkeit steckt ganz viel Verletzung. Und nun kommt die Kim und sagt ihr, dass sie nicht herzlich ist. Und was tut sie augenblicklich? Verurteilt sich dafür. Wie herzlos ist das denn? Mache du das bitte nicht genauso. Verurteile dich nicht auch noch dafür, dass man dir weh getan hat. Verurteile dich nicht auch noch dafür, dass du einen Teil deines Selbst abschneiden musstest, um zu überleben. Das Abschneiden hat bestimmt schon genug weh getan.

Übrigens ist Schuld das Gegenteil von Herz.

Jemandem die Schuld geben, ist ein Akt der Herzlosigkeit.

Dir selbst die Schuld geben, ist ein Akt der Herzlosigkeit dir selbst gegenüber.

Verzichten wir doch einfach auf die ganze Schuld Geschichte und nehmen wir uns selbst wieder in unser Herz auf.

Da bist du! Kleines Mädchen, kleiner Bub, noch ganz neu in dieser Welt, ahnungslos. Und du hast ein großes, offenes Herz. Und dann wird dir von anderen Menschen Müll in dein Kinderherz gekippt und zwar mehr als einmal. Der schlimmste bzw. schmerzhafteste Müll von allen sind immer jene Worte und Taten, die dir deine Qualitäten als Fehler hinstellen. Wenn du ein hübsches Mädchen warst und dir immer wieder gesagt wurde, du seiest hässlich oder eitel, bis du nicht mehr an deine Schönheit glauben konntest und sie dadurch verloren hast, das hat weh getan. Oder wenn du ein kluger Junge warst und man dir immer wieder sagte, du seiest dumm und unfähig, bis du deine ganze Klugheit irgendwie verloren hattest, das hat so richtig weh getan. Wie alle Kinder warst (und bist) auch du gesegnet mit allen möglichen Qualitäten. Welche das sind, kannst du sehen, wenn du richtig hinschaust. Was bist du? Klug? Stark? Mutig? Sanft? Verständnisvoll? Treu? Aufrichtig? Unterstützend? Ermutigend? Liebevoll? Bewundernd? Bezaubernd? Herzlich? Fleißig? Draufgängerisch? Fürsorglich? Fröhlich? Kreativ? Bist du jemand, der sich einbringt? Bist du jemand, die Menschen zusammen hält? Bist du jemand, der weiter sieht oder tiefer blickt? Bist du eine Problemlöserin oder eine gute Mutter? Bist du ein Organisator? Es gibt so viele mögliche Qualitäten. Noch viel mehr als ich hier genannt habe. Du besitzt von Geburt an mehrere davon, nicht bloß eine. Und es kann sein, dass auf diesen Gaben herum getrampelt wurde. Nicht weil deine

Eltern und Lehrer böse waren. Auf ihnen wurde ja auch so lange herumgetrampelt, bis sie nicht mehr fühlen konnten.

Und nun schau dich an. Du hast überlebt. Das ist nicht selbstverständlich. Es ist erwiesen, dass Babys sterben, wenn sie nicht genügend Aufmerksamkeit bekommen und zwar auch dann, wenn sie gefüttert und gebadet werden.

Als kleine Kinder benötigen wir die Aufmerksamkeitsenergie unserer Eltern, um zu überleben im wahrsten Sinne des Wortes. Das erklärt natürlich, wieso wir bereit waren, uns selbst etwas „abzuschneiden", damit unsere Eltern besser mit uns zurecht kommen konnten. So wie manche Tiere, die in eine Falle geraten sind, sich selbst die Pfote abbeißen, um zu überleben, so hast du dir möglicherweise selbst dein

Herz abgeschnitten oder einen anderen Teil von dir, der deinen Eltern unerträglich schien. (Schönheit? Klugheit? Selbstbewusstsein?)

Vielleicht wird dir jetzt gerade in diesem Moment klar, was für einen unfassbaren Mut und was für eine übermenschliche Kraft dich das gekostet haben muss. Ein Kater, der sich selbst eine Pfote abbeißt, um zu überleben. Wow! Unglaublich. Und dieser Kater bist du.

Das ist wahrlich kein Grund, dich selbst zu verurteilen. Das ist ein Grund, dich selbst hemmungslos zu bewundern. Stelle dir vor, dieser Kater ist dein Haustier und er kommt angehumpelt auf drei Beinen. Würdest du dich nicht auf der Stelle überschlagen, um sofort alles für ihn zu tun? Telefon her, Tierarzt anrufen, Auto organisieren, Kater verbinden, in den Arm nehmen, weinen, ihn streicheln, ihn mit Liebe überschütten, ihn operieren lassen und gesund pflegen. Du hättest so viel Liebe für ihn. Dieser Kater wäre in deinem Herzen. Aber dieser Kater bist du! Nimm dich in dein Herz auf. Überschlage dich mal ein bisschen für dich selbst, sorge für dich genauso liebevoll und weine ruhig auch mal für dich selbst. Aber keine Opfertränen, sondern Tränen der Ergriffenheit und der tiefen Anerkennung. Nicht Jammer, Jammer, oh wie gemein waren alle zu mir, schluchz! Sondern Oh mein Gott, wie wundervoll ich mich geschlagen habe, wie mutig und tapfer ich trotz allem den Weg zu mir selbst zurück gefunden habe!

Und wenn du nun dieses Buch liest und ich über all die vielen Aspekte der Persönlichkeitsentwicklung spreche, dann bleibe doch einfach in dieser Haltung. Ganz vieles scheint aus der Opferposition unmöglich, aber kommt dir vor wie ein Klacks aus dem Blickwinkel des Herzens. Es macht einen großen Unterschied, von welcher Position aus du dieses Buch liest und wie du dich dabei siehst und fühlst. Herz macht es leichter, viel leichter.

Und wenn du merkst, dass sich auf einmal wieder alles so schwer anfühlt und dir zu anstrengend vorkommt, dann bist du vermutlich wieder aus dem Herzen herausgerutscht. Dann lies doch einfach dieses Vorwort noch einmal.

Es ist für viele bestimmt eine neue Erfahrung, sich selbst so liebevoll zu betrachten und sich selbst so viel zu gönnen. Da ist es nur natürlich, dass wir auch wieder zurückrutschen in die Haltung, die wir bisher gelebt haben. Nimm es dir nicht übel, sollte das passieren. Sei auch hier herzlich mit dir selbst.

1 Alles dreht sich um Entwicklung

Wie schon gesagt, ich möchte dir in diesem Buch zeigen, dass es Hoffnung gibt und du auch wirklich Grund hast zu hoffen. Und da ich nicht sehr diplomatisch veranlagt bin, sondern mehr der „Ich fall mit der Tür ins Haus" Typ, begebe ich mich hier jetzt gleich mal direkt ins Zentrum.

Die Menschen auf der Welt glauben an Werte, zumindest diejenigen, die noch Hoffnung haben, tun das. Diese Werte sind nicht immer bei allen dieselben. Die Gutmenschen glauben, dass es in dieser Welt darum geht, Licht und Liebe zu verbreiten. Weniger gute Menschen glauben, dass es zumindest für sie um Geld und Macht geht. Einige glauben, es geht um die Familie, andere sehen den Glauben selbst als Ziel des Lebens an. Na und die Buddhisten glauben, der Weg selbst sei das Ziel, was ich nebenbei bemerkt für eine sehr schöne Idee halte.

Ich sage: Es geht in diesem Leben um Entwicklung.

Wenn man das einmal wirklich verstanden hat, dann ergibt nämlich auf einmal alles einen echten Sinn. Dagegen erscheinen die anderen Sinnsetzungen eher absurd.

Also, wenn es zum Beispiel auf dieser Welt wirklich um Familie ginge, wieso funktionieren die Familien dann nicht? Vielleicht hast du dich auch diesem Glauben verschrieben und musstest erleben, wie du von deiner eigenen Familie ausgegrenzt, verraten oder um dein Erbe betrogen wurdest.

Oder vielleicht hast du mit Hingabe deine kleine Familie aufgebaut, die Kinder groß gezogen, dich um alle gekümmert und für alles gesorgt und auf einmal sagt dir dein Ehepartner, er will die Scheidung. Und zu deiner Bestürzung entscheiden sich die Kinder auch noch für ihn? Da fragt man sich doch: Wenn Familie wichtig ist und ich die Familie so sehr liebe, wieso lässt Gott dann zu, dass mir alles genommen wird? Das gibt doch dann irgendwie gar keinen Sinn.

Ebenso ist es mit dem Glauben. Ich schreibe dies, obwohl ich selbst einen tiefen Glauben habe, der mir auch viel bedeutet. Aber wenn der Glaube an Gott das Ziel ist, dann hätte ich das Ziel bereits erreicht. Wie kommt es dann, dass mir trotzdem so viele unangenehme Dinge passieren? Wieso ging die Akademie pleite? Wieso wird mein Dreirad geklaut? Wieso all die anderen Dinge? Das legt ja fast den Schluss nahe, dass dich nach Erreichung deines Zieles nichts Schönes mehr erwartet. Gott vertreibt sich dann nur noch die Zeit, indem er zuschaut, wie du dich durch die Krisen windest, die er dir aus Langeweile mit einem lässigen Fingerschnippen in den Schoß fallen lässt.

Wenn es ein Ziel des Lebens gibt, welches zugleich auch der Sinn des Lebens ist, dann müsste doch eigentlich alles schön und gut sein, sobald du das Ziel erreicht hast. Ist es aber nicht. Du kannst jederzeit alles verlieren. Selbst, wenn du 30 Jahre lang großartig warst und richtig viel Geld verdient hast, kann es sein, dass dich im Alter der Konkurs und die Armut erwartet. Selbst wenn du eine Liebende bist mit ganzem Herzen, kannst du betrogen und verletzt werden. Kein Wunder, dass wir alle so langsam die Hoffnung verlieren.

Aber echt mal jetzt: So daneben kann das Leben doch nicht wirklich sein, oder?

Nein, das ist es tatsächlich nicht. Wir müssen nur den Fokus, unseren Blickwinkel, ein wenig ändern.

Ich habe ja oben geschrieben, es dreht sich alles um Entwicklung. Schauen wir uns das Leben doch noch einmal unter diesem Blickwinkel an. Was ist dann anders?

Bevor wir das tun können, müssen aber noch ein paar Kleinigkeiten erklärt werden. Erst mal eine Sache, die mir hier am Herzen liegt: Wenn ich sage, es geht nicht um Liebe, Familie, Freundschaft, Mitgefühl und so weiter, dann heißt das nicht, dass diese Dinge unwichtig werden. Deine Werte sind gut und völlig in Ordnung. Liebe, Mitgefühl, Weisheit, Großzügigkeit und all die anderen sind das, was wir ENTWICKELN. Du bist nicht hier, um Liebe zu entwickeln, sondern um DICH zu entwickeln. Aber auf dem Wege dorthin, dem Wege zu dir selbst und immer noch mehr du selbst, entwickelst du auch deine Fähigkeit zu lieben. Du entwickelst alles, was an Fähigkeiten und Qualitäten in dir steckt und das ist sehr viel.

Okay, aber jetzt bitte nicht gleich widersprechen und einwenden, dass du das bei dir nicht erkennen kannst, dass dich deine Erfahrungen nicht zu einer Liebenden gemacht haben, sondern eher zu einer kranken und verzweifelten Person. Ich werde auf diese grundlegenden Fragen noch zu sprechen kommen, aber zuerst müssen wir das Thema viel genauer unter die Lupe nehmen.

Wie funktioniert denn Entwicklung bei einem erwachsenen Menschen eigentlich? Natürlich habe ich darüber auch schon in anderen Büchern von mir geschrieben, aber ich sage es hier trotzdem noch einmal. Wenn ich es nochmals mit neuen Worten sage, stellen sich bestimmt auch einige neue Verständnisse ein.

Entwicklung vollzieht sich in vier Schritten, die wir Menschen unser ganzes Leben lang immer wieder und wieder durchlaufen. Diese Schritte heißen:

1. Verlust einer Komfortzone
2. Krise
3. Das neue Element finden, akzeptieren und integrieren
4. Die gesamte Erfahrung richtig einordnen

Verlust einer Komfortzone

Was soll das heißen? Eine Komfortzone ist ein Rückzugsort entweder im Außen oder in deinem Innern. Deine Wohnung ist eine deiner Komfortzonen, dein Freundeskreis ist auch eine, deine Meinungen und was du so für wahr und richtig hältst, sind Komfortzonen in deinem Denken. Komfortzonen sind die Bereiche, in denen für dich alles klar ist, du nicht kämpfen musst, dein Leben einfach ist und entspannt. Deine Gesundheit ist natürlich auch so eine Komfortzone und vielleicht auch dein Arbeitsplatz. Alles, was dir Sicherheit und Halt gibt, stellt eine Komfortzone dar.

Und dann kommt ab und zu das Leben und entreißt dir einfach eine deiner Komfortzonen.

Eine Freundin kündigt dir die Freundschaft, ein Riesenstreit in der Familie, eine Scheidung, eine schlimme Diagnose des Arztes, eine Kündigung, ein Börsencrash, ein Liebesverlust oder ein Gesundheitsverlust, der Tod eines geliebten Menschen, die Zwangsversteigerung des Hauses und der damit verbundene Imageverlust. Da gibt es viele Möglichkeiten.

Krise

Wurde dir eine deiner Komfortzonen entrissen, tritt Schritt 2 in Kraft. Du gerätst in eine Krise. Wenn es sich nur um eine kleine Komfortzone gehandelt hat, kann es sich auch um eine kleine Krise handeln. War es eine große Komfortzone, wird es vermutlich auch erst einmal eine große Krise geben.

Unsere Krisen durchleben wir Menschen sehr unterschiedlich. Das hat auch mit unserer persönlichen Resilienz zu tun. Die Resilienz ist jene Kraft in dir, die nach Heilung, Glück und Gleichgewicht strebt. Es gibt Menschen mit einer sehr starken Resilienz. Diese Menschen werden immer wieder den Kopf über Wasser bekommen. Selbst, wenn ihnen schlimme Krisen begegnen, finden sie stets einen Weg, so damit umzugehen, dass es sie eher stärkt als schwächt. Es gibt leider auch Menschen mit einer eher kleinen Resilienz. Sie kann schon ein leichter Windschlag umhauen. Zum Glück kann deine Resilienz auch wachsen. Ich habe gelesen, dass es die Resilienz stärkt, wenn ein Mensch die Fähigkeit zur Selbstbetrachtung erwirbt. Ich sehe oft Menschen, die sich selber überhaupt nicht zu kennen scheinen, deren Meinung über sich selbst geradezu in direktem Widerspruch zu ihrer Realität steht. Und tatsächlich sind das schwache Menschen, die leicht aus dem Gleichgewicht zu bringen sind. Sie können nichts verkraften. Dieses Buch ist auch in gewisser Weise eine kleine Anleitung zur Selbstbetrachtung. Es wird deiner Resilienz bestimmt zugutekommen, dieses Buch zu lesen und Hoffnung zu schöpfen.

Manche Menschen reagieren mit Wut auf ihre Krisen. Sie toben, wüten, schimpfen und pöbeln sich hindurch. Andere reagieren mit Depression. Sie werden handlungsunfähig und phlegmatisch. Wieder andere versuchen es mit Verleugnung. Sie negieren die Wahrheit, versuchen sich auf dem letzten verbleibenden Stückchen ihrer dahin schmelzenden

Eisscholle häuslich einzurichten und behaupten, nichts anderes zu brauchen. Wieder andere versuchen mit Gott zu verhandeln, versprechen ihm ein besserer Mensch zu werden, wenn er sie dafür aus der Krise herausholt.

Wie auch immer, der ganze Zauber zielt ohnehin nur auf eine Sache ab: Das neue Element.

Immer, wenn das Leben dir eine Komfortzone genommen hat, will ein neues Element in dein Leben kommen, wirklich immer. Das Dumme ist nur, wir wollen dieses neue Element ja erst einmal gar nicht. Alles, was neu ist, ist auch ungewohnt und unbequem. Es stört das Gleichgewicht, das wir zuvor hatten. Zuvor war – zumindest innerhalb unserer Komfortzone - alles im Gleichgewicht. Damit war es einfach, verständlich und handhabbar für uns. Wir wussten genau, woran wir waren und vielleicht war es ja auch wirklich schön. Wenn da etwas Neues hinzukommt, wird das Gleichgewicht zunächst zerstört. Etwa so, als würde eine neue Person in deinen Haushalt kommen. Selbst wenn du diese Person eingeladen hast, bei dir zu wohnen, ist es doch immer erst mal schwierig. Wir neigen dazu, das neue Element erst einmal abzulehnen. Wir wollen lieber die alte Komfortzone wieder haben. Das geht aber nicht, weil es so keine Entwicklung und kein inneres Wachstum geben kann.

Das Spiel funktioniert so: Wir errichten überall um uns herum Komfortzonen, um uns sicher zu fühlen und uns darin zu entspannen. Und das ist auch gut so, denn wir brauchen diese Erholung. Und ab und zu wird uns dann die eine oder andere Komfortzone entrissen, um wieder einen Entwicklungsschritt einzuleiten. Das ist dann eine Aufforderung an uns, uns zu entwickeln. Ein neues Element will in unser Leben. Bäume legen sich auch immer wieder neue Äste zu und gut gepflegte Pflanzen bekommen von Jahr zu Jahr mehr Blüten. So sind wir auch gemeint: Wachsende, sich entwickelnde Lebewesen.

Das neue Element

Das neue Element kann so ziemlich alles Mögliche sein, nur eines vermutlich eher nicht. Es wird eher keine neue Information sein. Zumindest die meisten von uns sind in der Lage, sich neue Informationen gemütlich im Lesestuhl aus einem Buch zu holen oder über ihren Computer. Dafür ist keine Krise erforderlich, es sei denn, der Mensch ist völlig borniert und zu.

Das neue Element wird also vermutlich mehr sein, als nur eine neue Information. Wenn du jünger bist, könnten es so Dinge sein wie ein neuer Job, Umzug in eine neue Stadt, ein neuer Partner, ein Baby und noch ein Baby, eine neue Aufgabe, eine neues Umfeld, neue Freunde, ein neues Projekt oder Ähnliches. Und wenn du schon älter bist, werden es vielleicht Dinge sein wie eine neue Freundschaft, eine neue Lebensperspektive, ein völlig neuer Blickwinkel, die Entdeckung von bisher unbekannten Qualitäten bei dir selbst, neuer Mut, neue Liebesfähigkeit, Selbstliebe, neues Selbstbewusstsein und Ähnliches.

Fast immer wehren wir uns erst einmal dagegen. Das allerdings verlängert auch die Krise. Die Krise wird zu Ende sein, wenn du dein neues Element entdeckt, akzeptiert und integriert hast. Dann hast du erst einmal wieder deine Ruhe und du wirst dann auch deine Freude haben an dem neuen Element. Denn das neue Element ist immer, wirklich IMMER etwas Gutes.

Ich habe im Laufe der Zeit schon sehr viele dieser neuen Elemente in mein Leben aufgenommen und habe es nie bereut. Mein Smart Phone ist zum Beispiel so ein Element. Als mich ein Verkäufer der Telekom angerufen hat und mir so ein Ding andrehen wollte, da lehnte ich es zunächst ab. Ich konnte mir nicht vorstellen, wozu ich so etwas brauchen sollte und der Verkäufer konnte mir auch keinen echten Grund nennen. Dann hat das Schicksal doch so ein Smart Phon in meine Hände gespielt und ich finde es jetzt ganz toll. Ich habe jetzt eine App auf dem Phone (eine App ist ein kleines Programm), die mir beim Abnehmen hilft. Ich gebe alles ein, was ich so am Tag esse und der „Trainer" sagt mir, wie viele Kalorien das sind und auch, ob das gesundes Essen ist oder nicht. Außerdem macht er mir immer Vorschläge, wie ich mich mal mehr bewegen kann. Er schreibt zum Beispiel: „Gehe heute 2000 Schritte" oder „fahre heute um 13 Uhr Fahrrad" oder „versuche heute mal fünf verschiedene Gemüse zu essen". Ich nehme diese Herausforderungen dann an, sofern ich kann. Das hat mich echt in Bewegung gebracht und es macht mir irgendwie richtig Spaß. Außerdem benutze ich den Sprach Service. Ich habe von Geburt an schlechte Augen und es wäre mir einfach zu mühselig, SMSe zusammenzustückeln. Da gibt es eine Taste, die kann ich einfach drücken und dann in das Gerät sprechen. Und meine Stimme wird dann als Sprach SMS übertragen. Meine Kollegin, Jana, und ich wir erzählen uns so immer, was wir gerade machen. So ein Smart Phone ist doch ein tolles Spielzeug. Trotzdem habe ich mich zuerst dagegen gewehrt.

So war es eigentlich immer. So war es auch mit diesem Haus. Ich befand mich in einer Lebenskrise und konnte es dort, wo ich lebte, einfach nicht mehr aushalten. Dann kam das neue Element in Gestalt dieses Hauses, damals zuerst noch als reine Möglichkeit, zu mir. Das war ein Riesenschritt und ich hatte eine Menge Ängste. Selbst später, als ich das Haus schon gekauft hatte, aber noch nicht darin wohnte, fürchtete ich mich. Ich befürchtete, dass die Nachbarn mich vielleicht ablehnen könnten und ich dann allein und vereinsamt in meinem Haus, weitab vom Schuss, herumvegetiere. Aber ich nahm das neue

Element trotzdem an und das war auch gut so. Seit damals habe ich schon viele schöne Jahre hier verlebt. Ich habe mich mit vielen Leuten über dieses Thema unterhalten und bisher hat mir noch niemand gesagt, dass er oder sie es bereut hätten, sich auf ihr jeweiliges neues Element eingelassen zu haben.

Letztlich hast du sowieso keine Wahl. Im Grunde wählst du ja nur zwischen dem neuen Element und einer nicht enden wollenden Krise. Die Krise, durch welche das neue Element zu dir in dein Leben gespült wird, hört auf, sobald du es integriert hast. An der Stelle liegt unsere Möglichkeit verborgen, die Sache ernsthaft zu beschleunigen.

Nehmen wir das neue Element nicht an, wird sich die Krise noch lange hinziehen.

Und trotzdem gibt es sehr viele Leute, die diesen Weg tatsächlich wählen. Menschen können wahnsinnig stur sein.

Sie schalten einfach auf stur und beharren darauf, dass sie es wieder so haben wollen, wie es vor dem Verlust der Komfortzone war. Sie nehmen nichts Neues an und verweigern es, mit der Situation zu arbeiten. Und sie leiden und leiden und leiden. Manche bringen sich sogar um, weil sie das Leid irgendwann nicht mehr ertragen können. Dabei hätten sie ihrem Leid jederzeit ein Ende machen können, indem sie sich einfach mal auf etwas Neues einlassen. Zum Glück finden viele von ihnen zuvor den Weg zu mir. Ich bringe sie über die Hürde. Hier ein Beispiel:

Eine Frau berichtete mir von ihrer Mutter, welche ihren Berichten zufolge wohl sehr garstig war. Die Frau, nennen wir sie einmal Hanna, war ein ungewolltes Kind gewesen und ihre Mutter hatte sie dies immer spüren lassen. Sie hatte sie noch nicht einmal bei ihrem Namen gerufen, sondern bezeichnete sie als „Stück Scheiße". Obwohl die Mutter Hanna niemals gut behandelt hatte, sie im Gegenteil bei jeder sich bietenden Gelegenheit quälte, verletzte und gegen sie intrigierte, hatte Hanna ein Leben lang versucht, ihrer Mutter näher zu kommen. Immer wieder hatte Hanna sich etwas Schönes ausgedacht und immer wieder hatte die Mutter es zerschlagen. Hanna war verzweifelt und fragte mich: „Was will sie denn nur? Was verlangt sie von mir?"

Ich hörte mir das eine Dreiviertelstunde an, dann sagte ich zu Hanna: „Ich habe eine Frage: Warum um alles in der Welt, bist du so unfair zu deiner Mutter?"

„Was? Wieso denn unfair?"

„Seit nunmehr 46 Jahren hat deine Mutter alles nur Erdenkliche getan, um dir zu zeigen, dass sie dich nicht will. Aber du hast es einfach ignoriert. Wann wirst du ihre Botschaft endlich zur Kenntnis nehmen?"

Nach einer kurzen Schockminute brach Hanna in erleichtertes Weinen aus. Und mehr musste ich ihr auch gar nicht sagen. Ihre 46 Jahre lang dauernde Krise hatte ein Ende gefunden, als sie ihr neues Element, namens Freiheit endlich angenommen hatte. Ihr ganzes Leben lang hatte sie unter dem Zwang gestanden, als die „Gute Tochter" handeln zu müssen, der ihre Mutter nicht egal sein darf, die es wieder und wieder versuchen muss, der Mutter Gutes zu erweisen. Und in all den Jahren hatte sie sich so viel Schmerz von der Mutter abgeholt. Die ganze Familie hatte Hanna bereits zugeredet, es doch endlich aufzugeben, aber sie konnte nicht. Sie konnte sich die Freiheit einfach nicht zugestehen. Erst als sie erkannte, dass sie sich ja im Grunde wie eine Stalkerin aufführte, konnte sie loslassen. Wenn wir es genau betrachten, war Hanna in all den Jahren ganz schön respektlos gegenüber der Mutter. Stelle dir mal vor, du würdest die Freundschaft einer Person nicht wollen und du sagst das auch immer wieder. Dann fängst du an, es durch deine Taten auszudrücken, aber der andere ignoriert deine Worte und Taten einfach, hört nicht auf, dich zu belästigen. Das würde dich doch bestimmt auch ganz schön stören, oder? Wir wünschen uns von unseren Mitmenschen, dass sie unsere Worte hören und ernst nehmen.

Hanna ist eigentlich keine respektlose Persönlichkeit. Sie hatte halt diesen Zwang zum Gutmenschen am Laufen. Das hat sie selbst so blockiert, dass sie über einen langen Zeitraum hinweg in der Krise verharren musste. Aber schließlich konnte sie ihr neues Element doch noch annehmen.

Worin besteht hier das Wachstum? Sie ist aus der Enge und Unbeweglichkeit des alten Musters hinaus gewachsen in mehr Raum und Flexibilität. Von klein zu größer, von eng zu weiter, von stur zu beweglicher, von leidend zu fröhlich. Das ist Wachstum. Und es geht ihr jetzt viel besser als vorher.

Hanna hat mir noch mehrere Dankesbriefe geschrieben und mir berichtet, wie glücklich sie jetzt sei, nachdem sie die Mutter einfach aus ihrem Leben entlassen und dafür die Freiheit eingelassen hatte. Und für die Mutter ist es auch gut. Endlich hat sie Ruhe vor der unerwünschten Tochter und kann so leben, wie sie es gewählt hat. Das muss uns nicht gefallen, aber es ist ja ihr Leben.

Aber da war ja noch der Schritt Nummer 4. Was hat es damit auf sich?

Die Erfahrung richtig einordnen.

Wir Menschen sind so strukturiert, dass wir unsere Erfahrungen auch verstehen müssen. Bei allem, was uns passiert, fragen wir uns immer: Warum? Warum ist mir das passiert? Und wir brauchen eine Erklärung. Wenn wir keine Erklärung finden können, dann können wir die Erfahrung einfach nicht vergessen und abhaken. Ich hatte mal eine Bekannte, die wurde von ihrem Freund verlassen, von einem Tag zum anderen und ohne jede Begründung. Er verweigerte jeglichen Kontakt mit ihr, so dass sie dadurch keine Möglichkeit hatte, ihn nach den Gründen zu fragen. Das hat sie vollkommen blockiert. Sie konnte nicht mehr aufhören, darüber nachzudenken und musste schließlich eine Therapie deswegen machen.

Wir sind einfach darauf angewiesen, dass wir uns die Dinge, die uns widerfahren, auch irgendwie erklären können. Dabei müssen die Erklärungen noch nicht mal richtig sein. Sie können sogar falsch sein. Hauptsache, sie stellen uns zufrieden. Wir streben an dieser Stelle gar nicht so sehr nach Wahrheit, sondern nur nach einer brauchbaren Erklärung, um den Fall abschließen zu können.

Deshalb kann hier aber auch noch einmal etwas schief laufen. So mancher von uns findet seine Erklärungen zwar, doch werden diese dann zu verschlossenen Türen. Ich kenne zum Beispiel eine Frau, die von ihrer Familie und von ihrem Mann tief enttäuscht wurde. Die Erklärung, die sie für sich gefunden hat, lautet: Menschen sind alle schlecht. Man kann keinem Menschen vertrauen.

Sie glaubt, dass die Dinge, die ihr widerfahren sind, passierten, weil Menschen eben schlecht sind und solche Dinge halt tun.

So eine Erklärung macht uns aber handlungsunfähig und genau das ist ihr auch geschehen. Sie verbringt ihre Tage auf dem Sofa, stopft sich mit Essen voll, sieht fern und surft im Internet, hat keine Freunde und erlebt nichts Schönes. Mittlerweile traut sie sich auch gar nicht mehr aus dem Haus, was ihre Hoffnung auf schöne Erlebnisse, insbesondere mit anderen Menschen, noch sehr viel geringer macht.

Die Erklärung, die sie für sich gefunden hat, schadet ihr, lähmt sie, behindert sie, macht sie schwach und ängstlich. Das ist natürlich auch nicht gut für ihre Entwicklung. Da kommt ja kein neues Element mehr durch.

Ich bin mir ganz sicher, ich hätte eine andere, viel bessere Erklärung gefunden. Ich kenne ihre Geschichte nicht genau und kann daher auch keine Erklärung für sie finden. Aber eines weiß ich sicher: Auch bei ihren Erfahrungen ging es eigentlich um Entwicklung und Wachstum. Auch ihre Verluste von Komfortzonen wollten ihr zu neuen Elementen verhelfen. Es hat nur nicht geklappt. Es ist nämlich sehr wohl auch möglich, dass es nicht gelingt.

Wieso kommt es denn bei einigen Menschen so dicke? Ist das nicht irgendwie gemein vom Schicksal?

Nach meiner Beobachtung erzeugen wir das selbst und zwar mit unserer Sturheit. Am Anfang ereilt uns nur ein leichter Impuls. Den ignorieren wir dann. Der nächste Wachstumsimpuls wird etwas stärker ausfallen. Den ignorieren wir wieder. Und dann wiederholen sich diese Impulse und werden dabei immer stärker, bis davon schließlich unser momentanes Leben zerschlagen wird. Manche Menschen sind einfach extrem stur und verweigern immer wieder die Annahme von etwas Neuem in ihrem Leben. Bis das Leben sie schließlich überholt. Vor einigen Jahren hörte ich von einer alten Dame, die in ihrem Haus verstorben war. Es gab in ihrem Haus keinen Strom, kein fließendes Wasser und keine Toilette, nicht mal ein Plumpsklo. Sie hatte immer in einen Nachttopf gemacht und den dann auf den Misthaufen gebracht. Es standen noch etliche dieser Töpfe in dem Haus herum. Ihr Sohn hatte ihr so viele Mal angeboten, ein paar Einbauten für sie zu machen, aber sie verweigerte das immer. Ein Leben lang hatte sie jegliche Veränderung und jeglichen Fortschritt abgelehnt und vereinsamt im Dreck gelebt wie ein Steinzeitmensch, während das Leben mit all seinen schönen Seiten an ihr vorüber gerauscht war. So stur können wir Menschen sein. Müssen wir ja aber nicht. Du kannst dich auch einfach dafür entscheiden, ein wenig flexibler zu sein und das Spiel des Lebens mitzuspielen. Das tut definitiv weniger weh. Und wenn wir flexibler reagieren, dann müssen die Entwicklungsimpulse auch gar nicht so heftig über uns hereinbrechen.

Aber noch mal zurück zu den Erklärungen. Wenn du dein neues Element gefunden hast, dann brauchst du ja nur noch zwei und zwei zusammen zu zählen. Der Verlust deiner Komfortzone war nötig, um dir das Geschenk des neuen Elementes zu bringen. Das ist eine Erklärung, mit der es sich leben lässt.

Hierzu noch ein Beispiel. Eine Klientin erzählte mir einmal, dass sie ein Restaurant besessen hatte. Für das große Restaurant meldete sie dann Insolvenz an und verlor es. Sie besaß aber noch eine kleine Gaststätte im Bahnhof, die sie behielt. Und sie erklärte mir, dass die Entscheidung, in die Insolvenz zu gehen, das Beste war, was ihr passieren konnte. „Vorher habe ich 16 Stunden am Tag gearbeitet. Jetzt arbeite ich nur noch 10 Stunden, bin viel entspannter und habe mehr vom Leben". Ohne den finanziellen Druck hätte sie diese Entscheidung aber nicht getroffen. Sie hätte sich an ihren Besitz geklammert und versucht, ihn zu erhalten. Dabei wäre ihr Leben an ihr vorüber gerauscht wie im Fluge. Und dann funktionierte es einfach nicht mehr. Das Restaurant ließ sich nicht halten. Sie musste in die Insolvenz. Das war der Verlust ihrer Komfortzone. Und das neue Element, welches sie fand, war ein Mehr an Zeit, Kraft, Entspannung, Freude und Leben. Und die Erklärung, die sie für sich gefunden hatte lautete: Es war nötig für mich, alles zu verlieren, um wieder zu mir und zu meiner Lebensfreude zurück zu finden. Super, nicht wahr?

Wenn du vielleicht auch gerade dabei bist, nach einer Erklärung für die Dramen deines Lebens zu suchen, dann lasse es dir gesagt sein: Es gibt immer mehr als nur eine Erklärung.

Wenn du eine Erklärung gefunden hast, dann fühle einmal, was die Erklärung für Gefühle und Gedanken bei dir auslöst. Macht deine eigene Erklärung dich depressiv? Lässt sie dich verzweifeln? Macht sie dich müde und traurig oder wütend und hasserfüllt?

Dann suche lieber weiter. Diese Erklärung kann nicht wirklich die Richtige sein, da sie dir schadet. Es gibt immer auch mindestens eine Erklärung, die sich gut für dich anfühlt, die dich befreit, entspannt, dir Kraft gibt. Höre nicht auf zu suchen, bis du diese Erklärung gefunden hast. Wenn sie sich als tragbar erweist, dann war sie auch richtig.

Sicher kann man sich hier auch in Illusionen wiegen. Aber Illusionen sind nicht tragbar. Du merkst sehr schnell, dass sie nicht wirklich funktionieren. Wenn das passiert, na gut, dann musst du eben noch einmal weiter suchen. Und wer sagt, dass du es allein tun musst? Frage andere, frage deine Freunde, deine Familie. Lausche darauf, was sie an Erklärungen zu bieten haben. Und selbst, wenn ihre Erklärungen dir nicht gefallen, können sie dich vielleicht trotzdem dazu inspirieren deine eigene zu finden.

2 Die Krise der Nuss

In diesem Kapitel will ich die gleiche Sache noch einmal auf eine andere Weise sagen, und zwar wieder mit einem Gleichnis.

Stelle dir eine Walnuss vor. So eine Walnuss, die hat ja auch ihre „Kindheit" am Baum gehabt. Zuerst war sie winzig klein, dann ist sie gewachsen und zu einer schönen, runden, vollkommenen Nuss herangereift, die den Baum verlässt. Klar denkt die Nuss jetzt, sie sei fertig. Die Kindheit ist vorüber, sie ist reif. Natürlich meint die Nuss, dass die Zeit des Wachstums und der Entwicklung vorbei ist. In ihrer schönen Vollkommenheit meint sie, so soll es immer bleiben.

Und dann passiert etwas: Es bildet sich auf einmal ein Riss in der Nussschale. Die Walnuss erschreckt sich zutiefst darüber und schreit: Warum muss das sein? Was soll das? Ich mag das nicht. Es ist nicht schön. Das muss wieder weg.

Und sie geht zu einem Therapeuten oder Coach und bittet ihn, den Riss in ihrer Schale wieder zu schließen. Natürlich denkt sie, dieser Riss sei ein Fehler, womöglich *ihr* Fehler, ihr Versagen, etwas, das behoben werden muss, um den alten Zustand wieder herzustellen.

Der Coach aber weiß natürlich, welche Bewandtnis es mit dem Riss in der Nussschale hat: Da will etwas wachsen! Da ist ein kraftvoller kleiner Keim in der Nuss, der nach außen drängt. Dieser Keim will wachsen, sich entwickeln und schließlich zu einem riesigen Nussbaum werden, der seinerseits wiederum viele, viele Nüsse abwirft.

Diese Vision ist so groß, dass die Nuss selber sie niemals gehabt hat. Die Nuss war damit zufrieden eine kleine, runde Nuss zu sein. Dass sie aber eigentlich zu einem großen, mächtigen Baum heranwachsen wird, hatte sie sich nicht träumen lassen. Das war zu unvorstellbar, weil es so großartig ist.

Hätte der Coach wirklich einen Weg gehabt, die Nussschale wieder zuzukleben, dann wäre das das Ende der Nuss gewesen. Der Keim wäre eingegangen und die Nuss im folgenden Winter in der Erde vergammelt.

Dennoch ist es nur zu verständlich, wenn es für die Nuss erst einmal eine Krise mit sich bringt, sich so gewaltig weiter zu entwickeln.

Du bist diese Nuss, okay? Der Riss in deiner Schale, sei es der Burnout, die Krankheit, der Konkurs, der Konflikt, die Depression, die Angst, das Alkoholproblem oder was auch immer dich heimsucht, ist ein Zeichen dafür, dass mehr in dir steckt, viel mehr!!!

Und es wird Zeit, dass wir das wachsen lassen. Lege den Kitt beiseite, mit dem du versucht hast, die Scherben deiner Nussschale zusammen zu kleben und lasse aus dir heraus, was da wachsen will.

3 WIE FUNKTIONIERT DAS NOCH MAL SCHNELL?

Es geht um die Frage, wie das mit dem Wachstum funktioniert.

Im Allgemeinen habe ich das ja oben schon beschrieben, aber ich habe noch einige Beispiele, um deutlich zu machen, wie das denn nun genau funktioniert.

Also, erst einmal: Was genau wächst denn in uns?

Alles kann wachsen, woraus du bestehst. Deine Liebe, dein Mut, deine Kraft, deine Freiheit, dein Großmut, deine Herzlichkeit, deine Fähigkeit, dich zu entspannen, dich einzulassen, dein Mitgefühl, überhaupt deine Gefühle, deine Intelligenz (ja, die auch), deine Fähigkeit, Grenzen zu überschreiten, dein Respekt vor dem freien Willen anderer, deine kommunikativen Fähigkeiten wie zuhören, verstehen, schweigen, aber auch deine Fähigkeit, dich durchzusetzen, deine Fähigkeit, Entscheidungen zu treffen und dazu zu stehen, deine Fähigkeit, Beziehungen zu beginnen und zu erhalten, dein Glaube an dich selbst, die in dir angelegten Qualitäten und noch vieles mehr, das mir jetzt gerade nicht eingefallen ist.

Natürlich wächst nicht alles auf einmal. Das könnte ja keiner aushalten. Es vollzieht sich in Schritten oder Schüben.

Bestimmt möchte jetzt jemand einwenden, dass ja alle Dinge, die ich oben aufgezählt habe, positive Eigenschaften sind und hier die durchaus berechtigte Frage stellen, ob denn unsere negativen Eigenschaften nicht auch wachsen. Wächst auch unser Egoismus, unsere Rechthaberei, unsere Sturheit, Faulheit und Sucht, Unser Hass und unser Zorn und all diese Dinge, wachsen die auch?

Okay, mit diesen Fragen begeben wir uns in die Tiefe des Themas. Das müssen wir im Einzelnen betrachten. Fangen wir mit dem ersten an, das ich ausgezählt habe, dem Egoismus.

Egoismus ist durchaus etwas, was man entwickeln und entfalten kann und zwar für eine ganze Weile. Dann aber werden schlimme Dinge passieren. Es hat auf dieser Welt viel zu viel Egoismus gegeben. Gerade sah ich einen Bericht im Fernsehen, in dem gesagt und auch gezeigt wurde, dass Sklaverei überall auf dieser Welt schon wieder Gang und Gäbe ist. Ich dachte immer, die Menschen, die in den ärmeren Ländern ausgebeutet werden, würden nur unterbezahlt, aber mittlerweile werden sie gar nicht mehr bezahlt. Sie werden gefangen gehalten, bewacht und bekommen nur Essen und Trinken. Wer krank ist, wird einfach zum Sterben liegen gelassen, weil es billiger ist, sich einen neuen Sklaven zu besorgen, statt den kranken zum Arzt zu bringen. Hier zeigt sich der gewaltige Egoismus von einigen sehr reichen und mächtigen Menschen dieser Welt. Sie haben diese Eigenschaft immer mehr entwickelt. Ihnen geht es nur um sich selbst und ihren Profit.

Aber gerade jetzt sehen wir alle Prozesse auf dieser Welt geschehen, die eine Reaktion darauf sind. Dazu gehört auch der Klimawandel, der ein Ergebnis des egoistischen Produktionsverhaltens mancher Fabriken ja sogar ganzer Länder ist. Die Eskalation der Gewalt im nahen Osten gehört ebenso dazu, denn sie wäre gar nicht möglich, ohne die Waffenlieferungen aus ganz anderen Ländern und auch aus Deutschland. Die Flüchtlingsströme sind natürlich auch ein Ergebnis dieses gewaltigen Egoismus. Bitte verstehe mich hier ganz richtig. Ich sage nicht, dass du egoistisch bist. Hier spreche ich von ganz anderen Leuten. Ziehe dir bitte diesen Schuh nicht an. Über unseren Anteil spreche ich gleich noch, aber hier möchte ich etwas Wichtiges verdeutlichen.

Der gewaltige Egoismus bestimmter Menschen hat Folgen, die sehr unangenehm sind und mittlerweile betrifft es auch jene, die es verursacht haben. Niemand kann sich vor einem Wirbelsturm in Sicherheit bringen, der plötzlich ausbricht. Tsunamis, die auf dem Meer urplötzlich angejagt kommen, bringen auch die Yachten der Reichen und Supermächtigen zum Kentern. Bisher haben sie es immer geschafft, dass andere die Konsequenzen ihres Handelns erleiden mussten, aber jetzt beginnen Zeiten, in denen das nicht mehr möglich sein wird. Und wenn immer mehr Menschen zu Sklaven werden, gibt es schließlich kein kaufkräftiges Publikum mehr, das ihnen all ihre Billigwaren abkaufen kann.

Ich schreibe das hier nicht, um dir Angst zu machen. Im Gegenteil, hier geht es um Hoffnung. Aber ich will dir zeigen, dass es nie wirklich gut ist, nie dem Leben dient, nie zu etwas nachhaltig Gutem führt, wenn wir unseren Egoismus entfalten. Egoismus ist eigentlich auch keine echte Eigenschaft, sondern bereits eine Reaktion auf etwas. Egoismus ist ein Symptom genau wie Sucht oder Faulheit. So etwas wie Faulheit gibt es eigentlich gar nicht. Das, was uns vordergründig wie Faulheit erscheint, ist eigentlich ein Symptom, ein Krankheitsbild.

Egoismus ist auch ein Krankheitsbild. Da ist etwas in der Erziehung oder Entwicklung schief gelaufen.

Es gibt ein Alter, in dem das Kind den Entwicklungsschritt tut, vom naiven Egoismus des Kleinkindes zum sozialen Wesen. Ein Baby ist egoistisch. Das ist auch völlig normal. Das Baby hat das Sensorium noch nicht, um über die Bedürfnisse der anderen zu reflektieren. Das Baby ist einfach so, wie es eben ist. Wenn es Hunger hat, will es gefüttert werden und zwar sofort.

Etwas später tritt es in die Entwicklungsphase ein, in der auch mal erwartet wird, dass das Kind zurücktritt und die Bedürfnisse anderer in den Vordergrund treten. Vielleicht hat das Kind ein Geschwisterchen bekommen und das neue Baby schreit und muss sofort gestillt werden. Das Kleinkind muss nun etwas warten, bis es seinen Brei bekommt. Das ist neu. Daran ist es nicht gewöhnt und das will es sich auch gar nicht angewöhnen. Das Kind rebelliert, schreit, wütet, tobt. Eine schwierige Phase für das Kind und sie ist ohne Zweifel leidvoll. Das Kleinkind muss seine Königsposition abgeben. Wenn die Mutter liebevoll und dennoch konsequent bleibt und vielleicht das Kind noch mit den neuen Freiheiten, die diese Phase ja auch mit sich bringt (neues Element!) zu locken versteht, wird das Kind erfolgreich in diesen Entwicklungsschritt hinein geführt. Ist der Schritt gelungen, öffnet sich damit die Tür zum sozialen Leben für das Kind. Es kann Freundschaften haben, weil es nicht mehr nur sich selbst und seine Bedürfnisse sieht, sondern begriffen hat, dass da auch noch andere sind, die die gleichen Rechte und Bedürfnisse besitzen.

Gelingt der Schritt aber nicht – und das kommt durchaus vor – dann wird dieser Mensch auch in seinem späteren Leben immer soziale Probleme haben und das Leid wird nicht aufhören. Es wäre ein Irrtum zu denken, egoistische Menschen seien glücklich. Die meisten sind es nicht. Sie haben die qualvolle Rebellionsphase des Kleinkindes nie verlassen und jeder Verlust löst dieses Leid in ihnen wieder aus.

Ich kann Egoismus wirklich nicht empfehlen. Egoismus schadet immer und fast immer auch dem Egoisten selbst. Und – wie gesagt – es handelt sich um eine Art seelisches Krankheitsbild. Wir würden an unseren Gartenpflanzen ja auch nicht die Krankheiten züchten und weiterentwickeln wollen.

Die nächsten, die ich aufgezahlt hatte, waren Rechthaberei und Sturheit. Sind das Eigenschaften von uns, die sich weiter entwickeln? Also die Sturheit schon.

Wie so viele unserer Eigenschaften kann sie sowohl ein Fluch als auch ein Segen sein. Es hängt davon ab, in wessen Dienst wir diese Eigenschaft stellen. Ich selber bin auch stur, sehr sogar. Stellen wir unsere Sturheit in den Dienst unseres Egos, wird sie zu einem Fluch. Wir sprachen ja weiter oben schon darüber, wie viel Leid sich sture Menschen manchmal selbst erschaffen, in dem sie ums Verrecken einfach nicht loslassen wollen und sich auf nichts Neues einlassen. Das kann weh tun!

Aber wenn man die Sturheit in den Dienst des höheren Wohles stellt, oder nennen wir es, in den Dienst meiner sich entwickelnden Seele, dann wird sie zu einer gesunden Beharrlichkeit. Beharrlichkeit ist wichtig. Im Leben gibt es so viele Dinge, die uns nicht einfach in den Schoß fallen. Es gibt zum Beispiel Fähigkeiten, die wir mitunter lange üben müssen, bevor wir sie wirklich erlangt haben, das virtuose Beherrschen eines Instrumentes etwa, oder Ballett Tanzen, Malen und so viele andere Dinge. Wie weit käme man da wohl ohne Beharrlichkeit? Auch wenn wir ein Handwerk erlernen, müssen wir üben und praktizieren. Ein nicht beharrlicher Lehrling gibt einfach auf und lernt es eben nicht. Der Beharrliche übt weiter bis zur Meisterschaft. In so einem Zusammenhang ist es eine sehr wesentliche und auch nützliche Eigenschaft. Wir haben viele solcher Qualitäten, die wir zum Segen oder zum Schaden einsetzen können. Die Macht des Wortes zum Beispiel. Wir können mit unseren Worten Menschen so tief verletzen oder sie seelisch zerschmettern bis zum Burnout. Und wir können Menschen mit Worten aufbauen, stärken, ja sogar heilen. Wenn wir eine dieser Qualitäten entwickeln, ist es wichtig, auch immer gleich die Verantwortung dafür mit zu entwickeln. Zu jeder Macht gehört eine Verantwortung. Nehme ich mir nur die Macht und ignoriere meine Verantwortung, so entsteht daraus wieder jener Egoismus, der Schaden anrichten wird.

Rechthaberei ist aber keine segensreiche Eigenschaft. Damit macht man sich auch keine Freunde. Niemand kann Rechthaber leiden. Deshalb halte ich es nicht für empfehlenswert, die eigene Rechthaberei zu entwickeln. Obwohl es Leute gibt, die das tun. Ich habe das erlebt. Aber welcher gesund empfindende Mensch hat denn Lust mit so jemandem zusammen zu sein? Diese Menschen erschaffen sich Ablehnungserlebnisse und Einsamkeit. Solltest du mit diesem Syndrom geschlagen sein, empfehle ich dir, deinen Respekt zu entwickeln. Deine Rechthaberei selbst wird dir genügend Gelegenheit dazu geben, indem sie dir immer wieder Komfortzonenverluste erschafft. Immer wieder, wenn dich jemand verlässt, weil er dich nicht aushalten kann, ist die Gelegenheit und die Herausforderung für einen Entwicklungsschritt gegeben. Rechthaberei ist keine Naturkatastrophe, an der sich nichts ändern lässt. Mache es nur richtig im Sinne des Entwicklungsgedankens.

Falsch sieht so aus:

Die meisten Menschen denken, sie müssen sich irgendwie zwingen, sich unterdrücken, die Rechthaberei von sich abschneiden. Quasi eine Rechthaber Diät machen. Das funktioniert natürlich genau so wenig wie die meisten anderen Diäten auch. Da droht der Jojo Effekt. Wenn du dich heftig genug selbst unterdrückt hast, bricht es wie ein Vulkan aus dir heraus, schlimmer als zuvor.

Das hat ja auch mit Wachstum und Entwicklung gar nichts zu tun. Entwicklung kann man nicht erzwingen. Da muss etwas wachsen, WACHSEN!

Und was muss wachsen, damit es für dich auf einmal ganz leicht ist, nicht mehr rechthaberisch zu sein?

Das könnte zum Beispiel die Liebe sein oder der Respekt vor den anderen und ihren Meinungen. Es kann auch deine gesunde Selbstliebe sein. So funktioniert das nämlich bei mir. Ich finde zum Beispiel Diskussionen einfach furchtbar. Jeder will Recht haben wie ein Bescheuerter, zetert auf den anderen ein, will ihn am liebsten zwingen, seine Meinung zu ändern, man fällt sich gegenseitig ins Wort, behandelt einander feindlich. Wie gruselig ist das denn!

Das kann ich gar nicht haben. Ich finde der Leidenseffekt ist immer viel größer als der Gewinn durch Rechthaberei. Meine Selbstliebe ist zu groß dafür. Wenn jemand sich mit mir anlegen will und mich mit seinen Meinungen herauszufordern versucht, lasse ich immer sofort den Faden los. Für ein gepflegtes Gespräch hingegen bin ich immer zu haben, aber nicht für eine rechthaberische Diskussion.

Du könntest auch dein Bewusstsein wachsen lassen. Das geht hier auch. Damit meine ich dein Bewusstsein darüber, was mit dir während eines solchen Streites passiert. Dafür brauchst du nur den inneren Beobachter einzuschalten und darauf zu achten, was du bemerkst. Wie fühlst du dich während des Streites? Was genau fühlst du? Wie fühlt es sich an, wenn der andere Widerstand leistet und nicht nachgibt? Wie fühlt es sich an, wenn der andere beginnt, unhöflich zu werden und beleidigende Formulierungen verwendet? Wie fühlt es sich an, wenn der Streit zu Ende ist und du nicht gewonnen hast? Wie fühlt es sich an, wenn du gewonnen hast? Woran erkennst du, dass du gewonnen hast? Wie fühlt es sich in dem Fall für dich an, dass du den anderen verletzt hast?

Wenn du dich darin übst, dein Bewusstsein wach zu behalten und nicht in die Bewusstlosigkeit zu gehen, während du dich streitest, dann wirst du vielleicht auch bemerken, dass es dir in Wirklichkeit gar nicht gefällt, dich so zu streiten. Finde eine Eigenschaft an dir, die geeignet ist, die Rechthaberein auszuhebeln und entwickle SIE. Sie kann dein neues Element sein. Liebe statt Recht Haben. Verständnis statt Recht Haben, Respekt vor den Ansichten der anderen Menschen statt Recht-Haben.

Da hierin ja auch eines der großen Themen der Gegenwart steckt, kann ich mir vorstellen, dass deine kleine, ganz private Bemühung, sich auf das Weltgeschehen auswirkt. Die Islamisten zum Beispiel sind Menschen ohne jeden Respekt vor den Meinungen anderer. Bitte verstehe mich recht: Ich habe nicht gesagt und auch niemals gemeint, dass die Moslems so sind. Moslems sind einfach Menschen, die einen anderen Glauben haben als wir. Respektieren wir das so, wie wir auch selbst gern in unserem Glauben respektiert werden wollen. Moslems sind keine Terroristen.

Es gibt eine viel kleinere Gruppe von Fanatikern, eben die Islamisten, die sich der Gewalt verschrieben haben. Für sie ist selbst der schlechteste Moslem besser als der beste Christ. Und jeder, der kein Moslem ist, verdient alleine deswegen den Tod.

Das ist mal ne echte Rechthaberei, oder? Dagegen bist du ein Waisenkind. Und wie kannst du jetzt etwas daran ändern?

Diese riesige Rechthaberei steckt in kleinerem Umfange auch in uns, seien wir ehrlich. Jeder hat doch ab und zu mal solche Anwandlungen von Streitsucht. Wir können die Verantwortung für unsere kleine Rechthaberei übernehmen und uns entwickeln. Dann wird auf der Welt das Gewicht leichter. Und über das morphogenetische Feld werden andere mitgezogen, die es dann auch schaffen, mehr Liebe, Respekt oder Verständnis zu entwickeln. Und wenn es 10 %

aller Menschen geworden sind, passiert ein Quantensprung und es gelingt plötzlich allen.

Du brauchst nicht in den Krieg zu ziehen, um deinen Beitrag zu leisten. Du kannst es einfach bei dir zu Hause im Kleinen tun und dennoch dienst du damit dem Wohle aller Wesen. Und es wird deinem Umfeld gefallen, wenn du auf einmal nicht mehr so schwierig für sie bist.

Da war aber noch eine Eigenschaft, die ich zuvor genannt habe und zwar die Wut. Was soll mit der Wut sein? Entwickeln wir die auch? Das kann ich nur hoffen, denn ich habe schon immer gesagt: Wut ist gut.

Die Aggression in dir ist eine sehr wichtige Kraft für dich und sie stellt etwa ein Vierteil deiner Lebenskraft dar. Wenn du also zu den Menschen gehörst, die gar nicht mehr wütend werden können, dann ist es nicht überraschend, wenn du dich schwach oder womöglich sogar depressiv und ängstlich fühlst. In der Bibel wird Zorn zwar sogar als Todsünde gesehen, aber ich glaube, da ist etwas anderes damit gemeint. Wenn ich sage, dass Wut etwas Gutes ist, dann spreche ich von der wichtigen Feuerkraft in uns. Aber darin liegt auch eine Macht und für diese Macht müssen wir die Verantwortung übernehmen. Wir müssen lernen, mit dieser durchaus gefährlichen Kraft in uns richtig umzugehen. Diese Kraft befähigt uns, etwas zu errichten, aufzubauen, in schwierigen Zeiten nicht aufzugeben, Großes zu tun, zu arbeiten und unsere Visionen ins Leben zu bringen. Als die Trümmerfrauen damals nach dem Krieg sich daran machten, all die Trümmer zu beseitigen, die heilen Steine zu sammeln, sie zu bearbeiten und aus ihnen ihre Häuser wieder neu zu errichten, da haben sie das mit genau dieser Kraft getan. Ohne diese Aggression wäre das gar nicht möglich gewesen. Diese Kraft kann Treibstoff sein, der dich auf deinem Weg voran bringt. Aber diese Kraft kann auch andere tief verletzen und ihnen schweres Unrecht zufügen. Du kannst mit dieser Kraft einen Menschen töten, aber du kannst ihn damit nicht wieder zum Leben erwecken.

Wie lernen wir, damit umzugehen?

Auf jeden Fall nicht, indem wir diese Kraft unterdrücken.

Du musst dieser Kraft Raum geben, sich auszudrücken, wenn sie sich gerade zeigt. Und in diesem Raum sollte kein anderer sein, nur du, deine Kraft, die sich ausdrückt und – so du magst – Gott. Im Grunde sollte es in jedem Haushalt eine Ecke oder einen Kellerraum geben, der als Aggressionsraum fungiert. Da kann zum Beispiel ein Sandsack hängen oder da können Matratzen an der Wand befestigt sein. Rohrverkleidungen aus Schaumstoff gibt es in jedem Baumarkt. Die eignen sich hervorragend, um damit auf etwas einzudreschen. Wenn du merkst, dass du eine Wut bekommst, dann eile ohne Umschweife in deinen Aggressionsbereich und drücke diese Wut mit deinem Körper und allerlei Geräuschen aus. Tobe, wüte, dresche auf die Matratze ein, brülle wie ein Stier aus Leibeskräften, strample mit den Beinen oder trommle auf den Boden mit deinen Fäusten. Tu, was immer deine Wut als Ausdruck fordert. Du brauchst dabei auch nicht fair zu sein. Es ist ja niemand da, der dich hört, den du mit deinen Worten verletzen kannst. Lasse alles heraus, was deinem Ausdruck dient. Und während du das tust, verliere nicht das Bewusstsein. Bleibe innerlich wach, damit du mitbekommst, was mit dir geschieht.

Das ist wichtig, denn es werden sich Einsichten zeigen, plötzliche Eingebungen werden auftauchen, die dich erst richtig verstehen lassen, was mit dir los ist. Wenn du die Last all der unterdrückten Wut abgeschüttelt hast, wird deine Intuition frei, dir zu zeigen, worum es überhaupt wirklich geht. Da können Erinnerungen kommen an deine Kindheit und plötzlich denkst du: Ach jaaaaaa! Da habe ich das schon einmal genau so gefühlt. Puzzleteile setzen sich für dich zusammen. Und was befreit ist, ist befreit.

Solange ein unterdrücktes Potenzial noch in dir herum gärt, wird es schwierig, diese an und für sich kostbare Energie sinnvoll zu nutzen und zum Wohle aller Wesen einzusetzen. Aber indem du dich ausdrückst – und zwar allein – lernst du auch, mit dieser Kraft umzugehen. Wut ist nicht dazu da, deiner armen Ehefrau oder deinem armen Ehemann entgegen geschleudert zu werden. Das ist der falsche Umgang mit dieser Kraft. Wir sollten unsere Lieben nicht wie unsere Feinde behandeln. Aber wenn sich dir jemand direkt als Feind zeigt, darfst du deine Wut schon mal benutzen, um dich zu beschützen. Im Rahmen der Verhältnismäßigkeit. Nur weil jemand sich mal mit dir gestritten hat, darfst du ihm nicht die ganze Breitseite deines frisch trainierten Wutpotenzials ins Gesicht schleudern. Das hat er nicht verdient. Aber wenn jemand sich anschickt, etwas zu zerstören, was du aufgebaut hast, darfst du auch gern mal deine Wut benutzen, um es zu schützen. Hier mal ein Beispiel.

Ich habe einen öffentlichen Vortrag vor etwa 70 Menschen gehalten. Der Vortrag wurde besonders schön. Die Leute stellten ganz wunderbare Fragen und sorgten auf diese Weise dafür, dass viele spannende Dinge von mir gesagt wurden. (Wer fragt, führt)

Plötzlich erhob sich ein Mann und fing an zu pöbeln und zu zetern. Er bewegte sich durch die Sitzreihen wie ein Shakespeare Darsteller, der einen Wut Monolog hält und pöbelte und pöbelte. Mit wurde klar, dass ich das stoppen musste, sonst würde er einfach für den Rest des Vortrages damit weiter machen.

Kleiner Einschub:

Das war MEIN Vortrag nicht seiner. Ich hatte den Termin mit dem Gastwirt ausgehandelt, ich hatte die Pressearbeit dafür gemacht und so dafür gesorgt, dass die Zeitung im Vorwege darüber berichtet hatte, wodurch die Zuhörer gekommen waren. Ich habe über dreißig Jahre hinweg dieses Wissen und diese Fähigkeiten aufgebaut, die es mir ermöglichen, jetzt Wissenswertes und Heilendes sagen und schreiben zu können.

Wenn dieser Mann der Ansicht ist, auch er habe etwas Wichtiges mitzuteilen, dann muss er sich all die Arbeit auch machen. Er muss sich ein Wissen zulegen, einen Vortrag ausarbeiten, Termine und Pressearbeit machen, die Menschen für sein Thema interessieren. Und dann kann er seinen eigenen Vortrag halten vor seinem eigenen Publikum. Er hat nicht das Recht, sich meinen Vortrag zu Eigen zu machen und mein Publikum als Geisel zu nehmen.

Ich habe dies hier eingefügt, weil ich weiß, dass viele Menschen es nicht klar erkennen können, wo ihre Rechte anfangen und die des anderen aufhören. Um entschlossen und zum Wohle aller Wesen auftreten zu können, muss man sich natürlich sicher sein.

Ich beobachtete den Mann und mir wurde klar, dass es gar keinen Sinn haben würde, ihn anzusprechen. Bei dem Geschrei und dem Krach, den er da machte, würde er mich nicht einmal hören. Deshalb erhob ich meine Stimme und zwar ganz laut. Ich brüllte nur ganz kurz, aber so scharf wie ein Laser: „Hei! Schluss jetzt!"

Der Mann brüllte daraufhin zurück: „Ja, ja, ich geh ja schon" Und schwups war er durch die Tür nach draußen.

Hier habe ich meine mittlerweile sehr befreite Aggression genutzt, um den Vortrag zu retten und um all die Menschen vor diesem Mann zu beschützen. Sie fühlten sich dann auch gerettet, wie sie mir sagten. Sie hatten auch keine Lust, sich das Gezeter anzuhören. Und ich habe nur drei kleine Worte gebrüllt, nicht mehr.

Das meine ich, wenn ich sage, du darfst deine Aggression in bestimmten Situationen nutzen, um etwas zu schützen. Aber es ist nicht in Ordnung, wenn wir unsere Mitmenschen hemmungslos anbrüllen, weil wir gerade mal schlechte Laune haben.

Und wenn du aber ein Choleriker bist und ganz oft schlechte Laune hast? Wenn dich Kleinigkeiten so in Rage bringen können, dass du es nicht mehr schaffst, dich zurück zu halten?

Dann will wieder etwas in dir wachsen.

Was könnte das sein? Welche Kraft in dir ist geeignet, um die cholerische Wut auszugleichen?

Das kann sehr unterschiedlich sein. Ich hatte mal einen Chef, der Choleriker war. Bei ihm würde ich vermuten, dass es sein gesundes Selbstbewusstsein sein muss, das wachsen sollte. Ich hatte stets den Eindruck, dass er hinter dem Gepöbel eine gewaltige Unsicherheit verbarg. Es kann aber auch etwas ganz anderes sein. Manchem Choleriker fehlt vielleicht einfach nur Bewusstsein, ein anderer hat jenen Schritt in der Kindheit nicht vollzogen, von dem ich zuvor gesprochen habe. In dem Fall ist sein Geschrei tatsächlich Ausdruck eines großen Leids. Ein Teil seiner Seele ist immer noch drei Jahre alt und will seine Königsposition halten. Dieses innere Kind kann dann wachsen. Bei einem anderen Choleriker ist es vielleicht die Sensibilität, die wachsen kann und wieder ein anderer könnte seine Führungsqualitäten wachsen lassen. Solltest du selbst davon betroffen sein, finde es heraus und lasse es in dir wachsen, bis es so stark ist, dass es die Wutkraft ausgleichen kann. Da du dir die Wut nicht abschneidest, die ja eine große Kraft darstellt, wird dich so ein Wachstumsprozess sehr stärken. Nichts sollte abgeschnitten werden. Wir lassen immer nur das wachsen, was gefehlt hat, um die Balance herzustellen.

4 DER FREIE WILLE

Ich muss mich dafür entschuldigen, dass ich mich in meinen Büchern wiederhole. Das tut mir leid. Es liegt nicht daran, dass ich nichts mehr zu sagen habe, sondern daran, dass diese Themen alle so mit einander verwoben sind. Über den freien Willen habe ich ja auch an anderer Stelle schon geschrieben, deshalb fasse ich mich hier kurz.

Ich habe weiter oben mehrfach gesagt, man könne seinen Respekt vor dem freien Willen anderer entwickeln. Aber was genau soll das eigentlich bedeuten?

Ich selbst habe das Konzept des freien Willen erst richtig verstanden, als ich vor nunmehr ziemlich langer Zeit das Buch „Gespräche mit Gott" von Neale Donald Walsch gelesen habe. Dieses Buch empfehle ich dir auch sehr. Darin kommt Gott persönlich zu Wort und erklärt, was es mit dem freien Willen auf sich hat. Als ich das damals las, war mir sofort klar, dass ich es hier mit Wahrheit zu tun hatte. Aber zugleich erkannte ich auch: Ich würde Jahre brauchen, um dies Konzept wirklich zu durchdringen. Diese Jahre sind aber inzwischen vergangen und ich habe es wirklich durch und durch verstanden und ich will versuchen es hier in Kürze zu beschreiben.

Der freie Wille befindet sich immer zwischen zwei Grenzen. Freier Wille hat nichts mit Grenzenlosigkeit zu tun. Dein freier Wille endet da, wo der freie Wille eines anderen beginnt.

Ich kann kraft meines freien Willens selbst entscheiden, wie ich die Wände in meinem Haus streichen will, aber ich habe nicht das Recht zu entscheiden, in welcher Farbe du deine Wände zu streichen hast. Das entscheidest nämlich du mit deinem freien Willen. Warum ist das so? Weil mein Haus mir gehört und ich darüber entscheide. Und dein Haus gehört dir und du entscheidest darüber. Gehört es nicht dir, sondern deinem Vermieter, ist er es, der darüber entscheiden kann.

Das ist die eine der beiden Grenzen. Mein freier Wille endet da, wo deiner beginnt. Versuche ich trotzdem zu bestimmen, in welcher Farbe du dein Haus streichen sollst, was du essen sollst und was anziehen, dann musst du dich gegen mich wehren und mich hinter meine Grenzen zurück befördern. Du musst deine Grenze verteidigen. Aber es könnte ja auch sein, dass du über mich bestimmen willst und dass du meine Grenze überschreitest. Dann ist es an dir, das Respektieren zu lernen.

Du musst lernen, die Willensgrenzen der anderen zu respektieren und deine eigene Willensgrenze zu verteidigen.

Die meisten Menschen können entweder das eine oder das andere besser. Wir müssen aber beides können. Wenn zum Beispiel meine Fähigkeit, meine Grenzen zu verteidigen unterentwickelt ist, dann werde ich mit Sicherheit immer wieder Komfortzonen Verluste erleben, die mich dazu herausfordern wollen, diese Qualität in mir zu entwickeln. Hier ein Beispiel:

Als ich vor vielen Jahren damit begann, spirituelle Seminare zu geben, da war ich im Vergleich zu heute noch sehr naiv. Ich glaubte, alle auftretenden Probleme würden sich mit mehr Liebe lösen lassen. Dann hatte ich in einem meiner Seminare einen Teilnehmer, der ein Störenfried war, der sich mit den anderen Teilnehmern anlegte und die Harmonie und den Frieden des ganzen Seminars gefährdete. Ich glaubte allen Ernstes, ich hätte ihm nicht genug Liebe erwiesen und bemühte mich, mehr zu geben. Beim nächsten Seminar hatte ich wieder so einen Teilnehmer, nur dass dieser noch schlimmer war als der vorherige. Und wieder glaubte ich, mehr Liebe, mehr Rücksicht und Freundlichkeit zeigen zu müssen und mühte mich redlich damit ab. (Wir beachten ganz nebenbei die inneren Verrenkungen, die ich dabei machte. Davon hatte ich ja zuvor schon gesprochen. Ich bewegte mich auf einem Weg, der nicht in Richtung Wahrheit ging, sondern in Richtung Selbstunterdrückung. Die Art Weg, die es uns unzumutbar schwer macht)

Und noch ein Seminar weiter hatte ich einen sogar noch übleren Zeitgenossen im Seminar, der mir und allen Teilnehmern das Leben schwer machte und uns das Seminar ruinierte. Dann hab ich es endlich begriffen. Du kannst es dir bestimmt schon längst denken, nicht wahr? Wenn das Seminar nicht schön und freudvoll wird, dann ist das ein Komfortzonenverlust. Alle Seminarleiter oder zumindest fast alle, wollen doch ein tolles Seminar geben, das den Menschen wirklich hilft und ihnen zugleich ganz viel Freude und Spaß vermittelt. Solche Seminare werden von langer Hand und mit viel Liebe und Hingabe vorbereitet und beworben. Da möchte doch keiner erleben, wie alles den Bach hinunter geht, weil da einer seine Energie daraus zieht, andere anzugreifen und sie zu provozieren. Klar war das ein Komfortzonenverlust für mich.

Und das neue Element, das ich hier entwickeln konnte, war gewiss nicht meine Fähigkeit, besser zu lügen und mich selbst noch weiter zu unterdrücken. Ha!

Es war natürlich meine Fähigkeit, mich, meine Arbeit und meine Grenzen besser zu verteidigen. Oder anders ausgedrückt, die Grenze meines freien Willen besser zu beschützen. Das habe ich in dem Seminar auch getan. Ich habe den Mann irgendwann sehr streng vor die Alternative gestellt, entweder sofort das Seminar zu verlassen, oder

Ruhe zu geben und sich ernsthaft einzulassen. Er dachte wirklich intensiv darüber nach und entschied sich dann zu bleiben und nicht mehr zu stören, sondern sich wirklich einzulassen. Das hat er dann auch tatsächlich getan.

Warum ist es für uns manchmal so schwer, herauszufinden, um welches Wachstum es geht?

Weil wir uns immer wieder und wieder auf den Weg der Selbstunterdrückung verirren. Ich ja auch, wie dies Beispiel zeigt. Wenn eine Unterdrückung der eigenen Wahrheit nicht mehr in Frage kommt, dann bleiben meistens gar nicht mehr so viele Alternativen übrig. Lass uns mal überlegen, welche Alternativen hätte es damals für mich noch gegeben?

Ich hätte innerlich aufgeben können und mir sagen, egal, ich zieh hier durch und morgen ist das Seminar sowieso vorbei.

Ich hätte zu dem Schluss kommen können, dass Seminare Geben doch nicht der richtige Beruf für mich ist.

Ich hätte meine ganze Wut rauslassen können und den Mann in Grund und Boden zetern.

Mehr als die drei fallen mir nicht ein. Aber keine davon gefällt mir, keine bietet mir die Möglichkeit, zum Wohle aller (beteiligten) Wesen zu handeln. Und keine der drei Alternativen lässt mich wachsen.

Wenn ich innerlich aufgegeben hätte, hätte ich damit auch zugelassen, dass es für die anderen Teilnehmer ein unschönes, ja schlechtes Seminar geworden wäre. Das wäre dann wieder so eine Form des Egoismus gewesen, über den wir schon sprachen: Ich kümmere mich nur um mich und wie das für die anderen ist, lasse ich mir egal sein.

Die zweite Alternative, keine Seminare mehr zu geben, wäre erst recht nicht zum Wohle aller Wesen gewesen. Ich habe seit damals Hunderten von Seminarteilnehmern viele wunderbare Einsichten und Entwicklungsschritte ermöglicht – und mir selbst auch in meinen Seminaren. All das wäre nicht geschehen, wenn ich damals aufgegeben hätte. Und die dritte Alternative ist schon deshalb nicht gut, weil sie unverhältnismäßig ist. Ich hätte den Mann innerlich verletzt, obwohl meine Aufgabe doch darin besteht, ihm zu helfen.

Aber meine mit Wahrheit getränkte Strenge hat ihm mit Sicherheit geholfen, schon alleine dadurch, dass sie ihn dazu brachte, das Seminar wirklich mitzumachen und sich einzulassen. So konnte auch er einen ernsthaften Seminargewinn mit nach Hause nehmen.

Ich führe das hier so genau aus, um deutlich zu machen, woran man das neue Element erkennen kann:

Es besteht niemals darin, dass du dir etwas abschneiden musst.

Es liegt für dich kein Opfer darin.

Es ist immer zum Wohle aller beteiligten Wesen, wenn man genau hinschaut.

Es geht immer darum, etwas in dir zu stärken und nie, etwas zu schwächen. Indem ich mich mutig, entschlossen und streng zeigte, wurde von meiner Fähigkeit zu lieben nichts abgeschnitten. Meine Liebe, in der ich ja vorher die Lösung sehen wollte, saß derweil sozusagen im Ruhesessel und erholte sich ein bisschen, während andere Aspekte meines Wesens mal an die Front gingen. Und nebenbei bemerkt: Es war Liebe, so zu reagieren, wie ich es tat. Liebe für die anderen Teilnehmer, indem ich das Seminar für sie gerettet habe. Liebe für mich, indem ich meine Arbeit für mich gerettet habe und auch Liebe für jenen Mann, indem ich ihn „gerettet" habe. Ich habe ihn davor bewahrt, ein ganzes Seminar in den Sand zu setzen, indem er seinen Egotrip weiter reitet.

Aber es geht auch nicht immer nur um Liebe. Liebe ist schon toll, aber du bestehst auch noch aus anderen großartigen Eigenschaften, die auch entwickelt werden wollen.

Das war ein Beispiel dafür, wie man seine Grenze verteidigen kann. In dem folgenden Beispiel soll es darum gehen, wie wir mit der anderen Grenze umgehen, bei der es um Respekt geht.

Menschen überschreiten die Grenzen der anderen andauernd in ihren Worten und Taten und dies auf vielfältige Weise. Wenn dir jemand seine Ansichten über ein Thema erzählt und du dann sagst: „Das ist doch Schwachsinn", dann überschreitest du im Grunde schon seine Grenze. Die Meinung des anderen gehört ihm genau so, wie ihm sein Haus gehört, sein Auto und seine Kleidung. Und er darf allein und frei darüber entscheiden. Seine Meinung muss dir nicht gefallen. Das gehört zum Respektieren nicht dazu. Du kannst sagen: „Da bin ich ganz anderer Ansicht". Denn du hast ja auch eine Meinung, die dir gehört. Die Grenzüberschreitung besteht darin, dem anderen glauben machen zu wollen, deine Meinung sei richtig und seine falsch.

Die Menschen bilden sich ihre Ansichten aufgrund ihrer Erlebnisse und Erfahrungen. Der andere wird seine Gründe haben, warum er so denkt. Im Grunde genommen brauchst du gar nichts anderes zu sagen als: „Aha, so siehst du das also."

Wie die anderen leben, was ihre Religion ist, was ihre Werte sind, all das gehört ihnen und unterliegt ihrem freien Willen. Zu unserer Angelegenheit wird es erst, wenn ihr Wille den unseren beeinträchtigt.

Wenn deine Nachbarn dir zum Beispiel ihren Müll in deinen Garten werfen, dann wird das deine Angelegenheit. Denn dein Garten gehört dir und wird von dir gestaltet. Und ihr

Müll in deinen Beeten entspricht vermutlich nicht deiner Vorstellung von einem schön gestalteten Garten.

Am schwierigsten ist es in Familien, weil da ja jeder einzelne einen freien Willen hat. Wie sortiert man das? Wann darf wer seinen freien Willen gestalten und auf welche Weise?

Was die Kinder betrifft, so sollte ihnen zunächst immer nur ein kleiner Bereich zugestanden werden, in dem sie selbst entscheiden dürfen. Alles andere würde sie überfordern. Also ein kleines Kind kann vielleicht selber entscheiden, was für ein Eis es haben möchte und sich das Gewünschte selbst aus den Abbildungen bei der Eistruhe aussuchen. Du darfst aber auch sagen: „Das ist zu groß", wenn der Kleine eine ganze Familienpackung oder ein anderes Rieseneis haben will. Du musst ja als Elternteil für sein Wohl sorgen. Wenn das Kind etwas älter wird, kann es vielleicht schon selbst entscheiden, was es anziehen will, später dann wie es sein Zimmer gestalten will. Es sollte auch ein Taschengeld bekommen, über das es völlig frei entscheiden darf. Wie soll ein junger Mensch die Sache mit dem freien Willen begreifen, wenn er es nie üben darf. Und Taschengeld ist eine hervorragende Übung dafür. Und so kannst du den Entscheidungsfreiraum langsam von Jahr zu Jahr immer größer gestalten. Aber Vorsicht! Überfordere das Kind nicht. Es sollte Freude daran haben, eigene Entscheidungen fällen zu dürfen und dies nicht als Last empfinden.

Und immer im Blick behalten: Wem gehört was? Das Kind kann nicht darüber entscheiden, was in den Zimmern der anderen Kinder geschieht. Auch über das Wohnzimmer entscheidet nicht das Kind, denn das gehört den Eltern. Der Fernseher, der Computer der Mutter oder des Vaters, das Haushaltsgeld, all dies gehört nicht in die Entscheidungskompetenz des Kindes.

Und was passiert denn nun mit dem Kind, wenn es nicht am elterlichen Computer spielen darf, weil der Vater ihn benutzt oder wenn es nicht die Muppets sehen darf, weil die Eltern Tatort gucken wollen? Kannst du es dir schon denken?

Das ist für das Kind ein kleiner Komfortzonenverlust, auf den es mit einem kleinen Wachstumsschritt reagieren kann und auch wird, sofern keiner dazwischen funkt. Das Kind hat hier die Möglichkeit, seinen Respekt vor dem freien Willen anderer zu entwickeln. Das geschieht aber nur, wenn die Eltern auch konsequent bleiben. Aber wenn du das schaffst, dann lehrst du dein Kind etwas so grundlegend Wichtiges, dass es ihm sein ganzes Leben lang helfen wird.

Bedenke nur einmal, wie viel Kummer und Schmerz dir daraus erwächst, wenn du die Grenzen der anderen nicht respektieren kannst. Du wird abgelehnt, beschimpft, bekämpft, verlassen, ausgegrenzt. Die anderen Menschen mögen dich nicht und wollen nicht in deiner Nähe sein. Deine Ehe wird zu einem einzigen Dauerkampf, bis einer von euch beiden resigniert. Menschen, die ständig die Grenzen anderer überschreiten, sind nicht sehr beliebt. Und sie werden auch nicht geliebt. Das kannst du deinem Kind ersparen, wenn du es lehrst, die Grenzen anderer nicht zu überschreiten und seinerseits die eigenen Grenzen gut zu verteidigen. Das ist ein Garant für ein sehr viel friedlicheres Leben, als manche es haben.

Ein Rest von Konflikt wird aber immer bleiben. Es gibt ja auch so verquere Menschen, die deine Grenzen überschreiten und dir dann vorwerfen, du wärest der „Übeltäter". Auch das ist eine schöne Gelegenheit für ein wenig inneres Wachstum. Was hier wachsen kann, ist deine Fähigkeit, Wahrheit zu erkennen.

Wir hatten hier vor vielen Jahren einmal so einen Fall im Haus. Da hatten wir eine sehr respektlose und grenzüberschreitende Seminarteilnehmerin. Sie fiel allen ins Wort, versuchte jedem ihre Wahrheit als die allein selig machende aufzudrücken. Sie konnte die anderen Teilnehmer nicht als Gemeinschaft sehen, als eine Gruppe von Gleichgesinnten, die gemeinsam etwas für sich erreichen wollen. Sie wollte dominieren, mehr Raum einnehmen als die anderen und den anderen auch noch vorschreiben, wie sie ihren kleiner gewordenen Raum zu gestalten hätten. Tja, solche Leute gibt es halt auch. Zu dem Zeitpunkt hatte ich das mit dem Grenzen Verteidigen bereits gelernt. Darum kam auch der Moment, wo ich ihr sagte, sie möge doch bitte mehr Respekt gegenüber den anderen Teilnehmern zeigen und ihnen nicht ständig ins Wort fallen und ihnen auch keine Vorschriften mehr machen.

Die Frau war zunächst beleidigt und später warf sie mir dann vor, ich hätte ihr so weh getan.

Das war genau der Moment, wo Wahrheit sich Raum schaffte. Eine andere Seminarteilnehmerin sagte zu ihr, dass sie die Dinge falsch wahrnahm. Nicht Kim sei die Angreiferin gewesen, sondern sie selbst und Kim hätte sie lediglich in ihre Grenzen zurück gewiesen. Sie sei daher nicht Kims Opfer, als das sie sich sehen wollte, sondern eine Täterin. Hui! Das hat damals einiges ausgelöst.

In jenem Moment habe ich einiges an Wahrheit begriffen und meine Fähigkeit, Wahrheit erkennen zu können und sie sogar auch noch offen auszusprechen, erlebte einen Wachstumsschub.

Hier in dem Beispiel war es eine andere Frau, die dies ausgesprochen hatte, aber das öffnete mir die Augen. Ich hatte dann im Verlaufe der letzten 20 Jahre noch etliche Zusammenstöße mit schwierigen Klienten oder Teilnehmern und jedes Mal ist diese Fähigkeit in mir, Wahrheit erkennen zu können und sie auszusprechen, dabei gewachsen. Wo wäre ich ohne all die schwierigen Teilnehmer? Ich habe so viel Wachstum durch sie erlebt. An dieser Stelle möchte ich ihnen einmal von ganzen Herzen dafür danken. Es sind natürlich immer die schwierigen Menschen, durch die wir wachsen. Die lieben. netten, freundlichen lösen in uns ja keinen Komfortzonenverlust aus.

Das Geschenk des freien Willens ist hier auch ein hervorragendes Medium, um uns ein paar nette Komfortzonenverluste zu bescheren.

Wir überschreiten die Grenzen eines anderen und ernten Streit. Da der Frieden davon gestört wird, ist das zumindest ein kleiner Komfortzonenverlust. Oder jemand überschreitet unsere Grenze und zwingt uns zum Handeln. Wir müssen streiten, den anderen aus unserm Bereich hinaus werfen. Da die meisten von uns, vor allem von uns Frauen ja eher harmoniesüchtig sind, ist das auch ein Komfortzonenverlust. Wir wollten doch in Ruhe und Frieden im Garten sitzen und unseren Kaffee trinken. Nun taucht hier der xy auf und macht uns Stress. Wieder eine Herausforderung, ein wenig zu wachsen. Ich hatte einmal zwei echt grenzüberschreitende Nachbarn, die abends regelrecht zu mir hin pilgerten, einfach in meinen Garten kamen und sich zu mir setzen. Und dann hat nur noch der Mann geredet und immer über dieselben Themen und immer so großspurig. Ächts! Es fiel mir so schwer, aber ich musste mich bewegen. Meine schöne Gartenkomfortzone wurde angegriffen. Und wieder wurde es eine Herausforderung, sich zu getrauen, noch mehr Wahrheit auszusprechen. Hab ich dann aber gemacht. Jetzt mögen sie mich nicht mehr. Das ist mir aber viel lieber, als von ihnen gemocht zu werden. Letztlich laufen all diese Themen immer wieder auf dasselbe hinaus:

Es geht um Wachstum.

Wenn ich einen Aspekt des Themas freier Wille noch nicht richtig verstanden habe, wird mir früher oder später ein Problem daraus entstehen. Das erzeugt einen Komfortzonenverlust und das Entwicklungsspiel beginnt.

Hier noch ein Beispiel dazu.

Eine junge Klientin litt sehr darunter, dass ihre Eltern sich scheiden lassen wollten. Sie kämpfte dagegen an wie verrückt. Und sie litt. Was hat das jetzt mit dem freien Willen zu tun?

Es ist Sache der Eltern, ob sie noch zusammen bleiben wollen oder nicht. Die erwachsene Tochter hat sich Werte angenommen, die besagen, eine Scheidung ist etwas Schlechtes. Sie hat selbstverständlich ein Recht auf ihre Werte, völlig klar. Kraft ihres freien Willens entscheidet sie selbst, was sie glauben und für richtig halten will. Aber das gilt für die Eltern natürlich ebenso. Den Eltern die eigenen Werte aufzwingen zu wollen, ist eine Grenzüberschreitung. Die Eltern wehrten sich dagegen und akzeptierten die Fremdbestimmung nicht. Das löste bei der Klientin Leid aus. Sie hatte nun eine Komfortzone verloren, nämlich die Illusion, Kind einer intakten Familie zu sein. In diesem speziellen Fall hatte die Klientin ohnehin keine Wahl. Die Eltern ließen sich nicht von ihr erpressen und reagierten auch nicht auf die kleine Intrige, die sie spann, indem sie versuchte, all ihre Geschwister gegen die Eltern aufzuhetzen, dass sie sie doch bitte unter Druck setzen sollten. Am Ende fand sie dann doch ihr neues Element, gegen das sie sich so heftig gewehrt hatte. In diesem Fall war das neue Element eine neue Sicht der Dinge. Denn die Eltern fanden alle beide zügig wieder einen neuen Partner. Und die junge Frau musste erleben, wie die Menschen aufblühten. Dadurch konnte sie sich der Erkenntnis nicht entziehen, dass die Scheidung für alle Beteiligten tatsächlich das Beste gewesen war. Inzwischen hat sie sogar neue Geschwister bekommen, die sie sehr liebt. Was ist da bei ihr gewachsen? Die Toleranz zum Beispiel, der Respekt vor dem freien Willen anderer, ihre Fähigkeit, den Dingen ihren Lauf zu lassen, statt alles kontrollieren zu wollen. Und auch die Entspannung ist bei ihr gewachsen. Zuvor war sie recht verkrampft, immer sehr darauf bedacht, dass alle ja das Richtige tun. Diesen Zug hat sie inzwischen ganz abgelegt und begegnet sowohl ihren Mitmenschen als auch sich selbst viel gelassener.

Das Thema freier Wille eignet sich ausgezeichnet dazu, uns Komfortzonenverluste und die damit verbundenen Wachstumsschritte zu vermitteln. Ein ganz ähnliches Beispiel erlebten wir mit einer Schwiegermutter, die sich nicht damit abfinden konnte, dass ihr Sohn und dessen Frau sich trennten. Gleiches Spiel, gleiches Muster. Kleine Intrigen, Manipulationen, Erpressungen, unter Druck setzen. Was wir Menschen anderen halt so antun, wenn wir ihnen unseren Willen aufzwingen wollen. Für manche Menschen stellt es einen enormen Komfortzonenverlust dar, wenn andere nicht so leben, wie sie es für richtig halten. Die Frau wandte sich schließlich sogar an mich und bat mich, auf ihre Schwiegertochter „einzuwirken". Ich schrieb ihr einen langen Brief, in dem ich über Entwicklung sprach und über den freien Willen. Ich gab mir sehr viel Mühe, auszudrücken, dass ich keinerlei Verurteilung für die Frau empfand. Ich sah sie nicht als „böse" oder schuldig. Sie war ein Mensch, der sich in einem Entwicklungsspiel befand und um das neue Element rang. Mittlerweile ist wieder Ruhe eingetreten und sie und die ehemalige Schwiegertochter können wieder ganz friedlich mit einander umgehen. Ich bin mir sicher, dass sie ihr neues Element (eine neue Sichtweise auf die Dinge vermutlich) inzwischen gefunden und integriert hat.

Manchmal sind wir eben unklar und versuchen die Grenze zum freien Willen der anderen zu überschreiten. Und manchmal tun die anderen dies mit uns. In beiden Fällen kommen dadurch Komfortzonenverluste zustande, die uns zu immer neuen Entwicklungsimpulsen inspirieren können.

5 UNSERE SCHÖPFUNGEN

Lass uns hier noch einmal auf die berühmt berüchtigte Phrase „Du hast dir das alles selbst erschaffen" zurückkommen. Ein Satz, den ich für wahr halte, der aber zugleich das Potenzial für zahlreiche Missverständnisse enthält.

Missverständnis Nummer 1:

Wenn du dir deine Situation selbst erschaffen hast, bedeutet dies nicht, dass du SCHULD daran bist. Das wird ganz oft verwechselt und dann wird es sehr schwer, den Satz über unsere Schöpferkraft überhaupt anzunehmen. Wer will schon schuld sein? Dann lehnen wir es lieber gleich ganz ab, an unsere Selbstbeteiligung bei der Erschaffung unserer Probleme zu glauben.

Nein, du bist nicht schuld an gar nichts. Die anderen übrigens auch nicht. Wenn dir etwas Schlimmes widerfahren ist, kann man dir doch nicht einfach vorwerfen, du seiest selbst schuld. Das funktioniert ganz anders. Ich werde auch gleich beschreiben, wie es funktioniert, aber vorher will ich noch einige weitere Missverständnisse nennen.

Missverständnis Nummer 2

Nur weil du dir etwas erschaffen hast, heißt das nicht, dass du es auch wirklich so gewollt hast.

Missverständnis Nummer 3

Wenn du selber Schöpfer deines eigenen Schicksals bist, heißt das nicht zugleich auch, dass du daran jederzeit einfach so etwas verändern kannst.

Missverständnis Nummer 4

Wenn du dir versehentlich oder unbewusst etwas Unliebsames erschaffen hast, heißt das nicht, dass du auch dazu stehen musst.

Und jetzt sprechen wir einmal darüber, wie die ganze Sache mit den Schöpfungen denn nun eigentlich funktioniert. Das geschieht nämlich auf zwei verschiedenen Ebenen (mindestens zwei). Betrachten wir die zuerst, die am meisten mit deinem Alltag zu tun hat.

Wie erschaffen wir uns Dinge im Alltag?

Es ist ja so, dass die Welt erst einmal schon da ist. Du musst also nicht andauernd eine ganze Welt erschaffen, in der du dann leben kannst. Die Welt existiert schon und sie wird nicht nur von dir, sondern auch von allen anderen zusammen mit erschaffen. Das machen wir so nebenbei, ohne es überhaupt zu bemerken.

Hier, im Alltag, erschaffen wir uns dann einzelne Ereignisse und Situationen auf eine sehr deutlich erkennbare Weise, zumindest wenn man weiß, wo man hinschauen muss.

Dafür habe ich einmal zwei Beispiele, die sich erst kürzlich zugetragen haben.

Beispiel 1

Die Asylanten in der Post

Ich stand in der Post in einer recht langen Schlange und hatte viel Zeit zum Beobachten. Vorne waren zwei Ausländer, höchst vermutlich zwei von unseren neuen Flüchtlingen in der Stadt, mit einem Formular beschäftigt, das sie mit Hilfe der Postfrau ausfüllen wollten. Die beiden jungen Männer waren der deutschen Sprache kaum mächtig und verstanden die Frau zumeist nicht, die ihnen mit viel zu lauter Stimme gereizt und ungehalten Worte um die Ohren knallte, die wir Deutschen ja auch oft gar nicht verstehen. Amtsdeutsch meine ich. Bis vor kurzem wusste ich auch noch nicht, was eine IBAN ist und was ein Swift Code. Die Männer versuchten tapfer, ihre Selbstachtung oben zu behalten und nicht auf die unterschwellige Aggression der Frau zu reagieren. War bestimmt nicht leicht. Aber sie konnten doch nicht verhindern, dass sie durch das Nicht Verstehen langsam waren und immer wieder fragen mussten. Die Frau rollte die Augen gen Himmel und warf uns Menschen in der Warteschlange Blicke zu, mit denen sie uns sagen wollte: Verbündet euch mit mir im Geiste gegen diese Typen. Das ist doch eine Zumutung.

Beispiel Nummer 2

Eine sehr gute Freundin von mir arbeitet jetzt mit minderjährigen, alleinstehenden Flüchtlingen, die in Wohngruppen untergebracht worden sind. Es handelt sich ausnahmslos um junge Männer. Diese jungen Männer sind alleine geflohen und haben trotz ihrer Jugend schon so einiges hinter sich. Dort, wo meine Freundin arbeitet, werden diese jungen Männer von der Behörde genau so eingestuft, wie Kinder, die nicht bei ihren Eltern leben können. Sie werden in betreuten Wohngruppen untergebracht und bei ihrer Eingliederung unterstützt. Hier also gab es einen jungen Mann, der hatte sich beim Wohngruppenleiter über ein Mädchen beschwert. Er sagte, sie lasse ihre Speisen immer zu lange in den Töpfen und so könne er dann nicht kochen. Das Mädchen war daraufhin beleidigt und fühlte sich „verpetzt". Meine Freundin erkannte ganz klar, dass hier ein kleiner Kulturkonflikt anlag. Der junge Mann stammte aus einer hierarchisch orientierten Gesellschaft. Da wendet man sich an den Oberen, wenn man etwas will. Aber hier in Deutschland halten wir es anders. Hier wird erwartet, dass er sich zuerst an das Mädchen selber wendet und versucht die Angelegenheit mit ihr zu klären. Wie soll der junge Mann das wissen? Er ist doch noch ganz neu im Lande. Also setzte meine Freundin sich mit ihm zusammen und erklärte es ihm. Sie sagte zu mir später: „Zuerst wurden seine Augen ganz groß, dann konnte man in seinen Augen den Ausdruck des Verstehens sehen und dann sprang er auf die Füße, stürzte in die Küche, wo das Mädchen dabei war, ihre Töpfe abzuwaschen und entschuldigte sich bei ihr. Das Mädchen war davon so überrascht und auch überwältigt, dass sie sich fast hinsetzen musste.

Mich hat diese Geschichte sehr gerührt. Da ist ein junger Mann, der um das Verstehen ringt. Er ist in einem völlig neuen Land. Alles ist anders, die Schrift, die Sprache, die Kultur, das Geschlechterverhältnis zu einander, die Erwartungen, die Anforderungen. Aber er will das alles bewältigen und ist bereit zu verstehen und sich auf die Kultur einzulassen.

Und jetzt schauen wir uns das einmal vom Schöpfer-standpunkt aus an. Was für Asylanten hat sich die Postfrau erschaffen? Und was für Asylanten hat sich meine Freundin erschaffen?

Okay, okay, ich kann die Widersprüche förmlich hören. Das waren zwei Schritte zuviel auf einmal. Manche möchten jetzt sicher einwenden: „Aber das war doch Zufall. Das können die Leute doch gar nicht beeinflussen, mit welchen Menschen sie es zu tun bekommen." Dem widerspreche ich sehr energisch. Ganz genau in diesem Bereich erschaffen und schöpfen wir am meisten. Und wir tun es alle, die ganze Zeit, jeden Tag und wir merken es überhaupt nicht.

Der Mensch, der uns begegnet, ist in gewisser Weise sozusagen Rohmaterial. Also, in gewisser Weise, nicht buchstäblich. Erst wir lassen seine Eigenschaften in Erscheinung treten. Das ist möglich, weil jeder Mensch eine ganze Fülle von Eigenschaften und Verhaltensmöglichkeiten besitzt. Wir sind nicht so einseitig, dass wir immer nur ein und dasselbe Gesicht für die anderen zur Schau tragen.

Meine Freundin hat dem jungen Mann Verständnis entgegengebracht und auch Vertrauen darauf, dass er fähig sein wird, zu verstehen. Das ist eine ihrer großen Stärken. Darauf hat der junge Mann reagiert.

Die Postbeamtin hat sich durch ihre Genervtheit und Unfreundlichkeit langsame Kunden erschaffen, die nicht gut verstehen. Klar, das kennen wir alle. Wenn andere uns wie Dreck behandeln, uns überdeutlich signalisieren, dass sie uns für Idioten halten, dann wird es sehr schwer, dem kraftvoll die eigene Persönlichkeit entgegenzustemmen. Die meisten schaffen das nicht und reagieren stattdessen verunsichert und machen Fehler. So auch die jungen Männer in der Post. Vermutlich wäre die ganze Aktion viel schneller gegangen, wenn die Frau nett gewesen wäre. Mit solchem Verhalten können wir unter Umständen auch noch viel schlimmere Dinge auf uns herabziehen. Gestern berichtete mir eine Frau, dass sie sich nicht mehr in die Tafel hineinwage, weil dort kürzlich jemand ein Messer gezückt habe. Ich selber war noch nie in der Tafel, aber ich höre allenthalben, dass sich die Menschen dort nicht gut behandelt fühlen. Sie werden gemaßregelt, erniedrigt und wie Schmarotzer behandelt. Ich kann nicht sagen, ob das wirklich stimmt. Aber eines kann ich sagen, wenn man Menschen wirklich so behandelt, dann kann es auch mal passieren, dass einer mit Aggression darauf reagiert, weil er sich nicht ducken und kleinmachen lassen will. Das hat derjenige sich dann durch seine Überheblichkeit und seine miesen sozialen Manieren erschaffen.

Verstehe mich bitte richtig. Ich will hier kein Gewaltverhalten entschuldigen. Selbstverständlich nicht. Aber wir können auch nicht einfach auf anderen herumtrampeln, bis die es nicht mehr ertragen können und aggressiv werden und dann noch mit dem Finger auf sie zeigen und schreien: „Seht wie gewalttätig der Asylant ist!"

Wir müssen alle tapfer versuchen, unsere Aggressionen im stillen Kämmerlein zu bearbeiten und sie nicht an den anderen Menschen auszutragen, Asylanten wie Einheimische. Aber wir haben auch eine Verantwortung dafür, was wir erschaffen.

Noch ein Beispiel.

Meine Mitarbeiterin ist sehr viel jünger als ich und darum auch noch nicht so frech wie ich (hi hi). Ich habe mir diese Frechheit ja auch erst erarbeiten müssen. Kürzlich telefonierte sie für mich mit unserem Internet Provider, der uns eigentlich freundlichen Support geben sollte. Aber er versuchte sie immer wieder abzuwimmeln und brachte sogar so einen Spruch wie: „Wir können ihnen ihren E-Mail Account nicht im Dreimonatstakt immer wieder neu einrichten."

Deshalb übernahm ich den Hörer und stellte meine Fragen freundlich aber bestimmt und mit dem Maß an Frechheit, das in solchen Situationen ja so hilfreich sein kann. Der Mann erklärte mir alles in großer Ausführlichkeit und riskierte keinen zweiten dummen Spruch. Ich bin ihm anders begegnet. Nicht unfreundlich, aber aus meiner inneren Kraft heraus und aus dem Bewusstsein, dass ich das Recht auf den Support habe, der mir vertraglich zugesichert wurde.

Die leichte Unsicherheit meiner Mitarbeiterin hat ihn verwandelt in einen Mann mit einer leichten Überheblichkeit. Meine innere Kraft hat ihn wieder zurück verwandelt in einen Mann, der seinen Job macht.

Bei jeder Kommunikation, die wir haben, finden solche Schöpfungsakte statt. Wir verwandeln unsere Mitmenschen durch unsere Worte, unsere Urteile, unser Verhalten, unsere Erwartungen, unsere innere Haltung und ja, sogar auch durch unsere Gedanken. Die Gedanken spielen dabei allerdings die kleinste Rolle. Urteile sind sehr viel stärker.

Wenn jemand mit dir spricht, der dich überhaupt nicht leiden kann, der aber trotzdem lächelt, dann würdest du das doch merken. Stelle dir vor, du wirst einer Frau vorgestellt, die auf dich herabblickt. Sie verstellt sich aber und lächelt und spricht süßliche Worte zu dir. Das würde sich nicht gut für dich anfühlen und du würdest vielleicht in eine innere Abwehrhaltung gehen oder traurig werden. Die Worte, die sie spricht, bedeuten kaum etwas gegen die Gefühle, die sie in dir auslöst. Sie kann sich in dir keine Freundin erschaffen, wenn sie dir nicht als Freundin begegnen kann.

Verstehst du, was ich meine? Da liegen unsere Schöpfungsakte. Wir erschaffen uns die nervigen Asylanten, die zickigen Verkäuferinnen, die unwilligen Supporter, die ablehnenden Krankenschwestern und die überheblichen Ärzte.

Und dabei denken wir die ganze Zeit über die SIND so.

Ich merke oft, wie sich Menschen mich erschaffen. Und die verschiedenen Menschen erschaffen sich in mir glattweg eine völlig unterschiedliche Kim. Ich kriege das sogar mit, wenn es passiert.

Einmal zum Beispiel hatte eine Seminarteilnehmerin ihre Halskette bei mir vergessen. Sie war eine eher unangenehme Frau, die viel zickt und unterschwellige Vorwürfe macht. Ich packte ihre Halskette ein und wollte sie zur Post bringen, sobald ich das nächste Mal in Salzwedel bin. Und dann hab ich es immer wieder vergessen. Nicht nur wochen-, sondern monatelang lag der Umschlag mit ihrer Kette bei mir auf dem Tisch. Und ich bekam etliche nervige Anrufe von ihr. Ich weiß noch ganz genau, ich WOLLTE die Kette wirklich mitnehmen. Und dann hab ich sie wieder vergessen.

Ein anderer Teilnehmer hatte bei mir seinen Terminkalender vergessen und bat mich per Telefon, ihm diesen zu schicken. Noch während wir telefonierten, packte ich den Kalender ein, schrieb seine Adresse darauf und nahm den Brief noch am selben Tag zur Post mit.

Dieser Mann hat sich eine total nette, hilfsbereite Kim erschaffen. Und die Frau hatte sich in mir eine lahme, vergessliche, nicht hilfsbereite Kim erschaffen. Obwohl ich das so nicht wollte, geschah es so. Ich verhalf ihr zum Verlust einer kleinen Komfortzone und wurde dadurch (unfreiwillige) Überbringerin eines Entwicklungsimpulses.

Die unterschiedlichen Menschen erleben mich auch ganz unterschiedlich. Es gibt sogar welche, die mich wütend erleben. Das kommt nicht oft vor, aber das passiert auch. Ich werde erschaffen und ich erschaffe, die ganze Zeit über bei jeder Kommunikation. Und du natürlich auch. Du reagierst auf das, was die Menschen dir senden. Und du sendest deinerseits.

An dieser Stelle haben wir wieder die Möglichkeit, zu missverständlichen Reaktionen auf diese Information. Immer wieder versuchen die Menschen, diese Sache unter Kontrolle zu bekommen, indem sie ihr Verhalten ändern. Das gilt insbesondere in der Esoterikszene. Da ist es Gang und Gäbe, dass sich die Leute besonders lieb und friedlich benehmen und sie denken alle positiv.

Als ob das etwas ändern würde!

So funktioniert das Spiel nicht. Fang gar nicht erst damit an. Das sind nur Verrenkungen, die dir das Leben schwer machen. Ganz egal, was du sagst und wie du es sagst, die Menschen reagieren nicht darauf, sondern auf das, was du bist. Deine Sendung ändert sich nicht durch deine Worte. Wenn mir jemand immer und immer wieder Schwierigkeiten gemacht hat und ich allmählich völlig genervt auf ihn bin, dann wird es nicht helfen, meine Gefühle zu unterdrücken und so zu tun, als sei ich immer noch ganz Liebe und Frieden. Der andere spürt das Brodeln in mir und er wird haargenau darauf reagieren und sich entsprechend wandeln.

Sich zu kontrollieren, sich selbst unter Druck zu setzen, sich ein Verhaltenskorsett aufzuzwingen, das funktioniert nicht.

Wenn du zum Beispiel dein Leben lang immer wieder Ablehnungserlebnisse hattest, immer wieder von Menschen abgelehnt worden bist, dann wird das auch so weiter gehen, egal, wie sehr du dir auch Zwang antust und dich „nett" verhältst.

Oder wenn du vielleicht jemand bist, die es immer gut meint, allen helfen will, für jeden ein offenes Ohr hat und die dann zum Dank dafür immer nur kritisiert und angeblafft wird, dann wird sich das nicht ändern, wenn du noch lieber bist.

Kürzlich hatte ich einmal eine Klientin mit genau diesem Muster. Sie lebte schon seit sehr vielen Jahren so. Ich stellte ihr die „Gretchenfrage" der Ur-Psychologie: „Was meinst du, wodurch hast du dir das erschaffen?" Sie dachte richtig lange darüber nach und antwortet dann: „Ich weiß es nicht, ich habe mich doch immer so bemüht".

So eine gute Seele. Ihre Antwort machte mir klar, dass sie von diesem Gedankengut noch nie etwas gehört hatte. Ich schreibe dieses Buch nicht zuletzt auch für sie.

Die Ablehnung, die sie immer erfährt, ist ein Teil von ihr. Und es ist dieser Teil, der die anderen so erschafft, dass sie sie dann immer wieder ablehnen werden.

Noch schnell ein weiteres Beispiel und dann möchte ich noch mehr dazu sagen.

Eine gute Freundin von mir hat einen neuen Partner und ist dadurch natürlich auch mit seiner Familie in Kontakt gekommen. Der Mann hat eine überfürsorgliche Mutter. In der Familie wird die Mutter so gehandelt, dass alle sich ihren Bemühungen gegenüber abfällig zeigen und genervt reagieren. Sie schenkt ihrem Sohn etwas zu Weihnachten, er legt es achtlos beiseite und hat seinerseits kein Weihnachtsgeschenk für sie. Das hat mir meine Freundin so erzählt. Und dann erlebten wir kürzlich zusammen folgendes. Über ihren Sohn hat die Mutter auch meiner Freundin ein kleines Präsent zukommen lassen, eine Packung Dominosteine. Und meine Freundin, die sonst so gutherzige, fühlende Seele sagt: „Also echt, was soll das? Das wäre doch nicht nötig gewesen. Warum macht sie denn das?" Im ersten Moment habe ich das auch nicht sofort durchschaut und war verwundert über ihren Beitrag. „Ich denke, sie will dir dadurch zeigen, dass sie dich auf dem Plan hat und dich als Teil ihrer Familie sieht", sagte ich und „was hat denn deine Reaktion zu bedeuten?" Und auf einmal begriffen wir es. Sie wurde „erschaffen". Die Mutter war dabei, sich die Freundin ihres Sohnes auch so zu erschaffen wie alle anderen Menschen: Respektlos, lieblos, undankbar.

Da muss man echt auf der Hut sein, dass man wenigstens noch man selber bleibt.

Aber jetzt zurück zu dem, was ich dazu noch sagen wollte. Also, der Ansatz war: Die Ablehnung ist ein Teil von ihr. In diesem Fall ist es nicht schwer zu identifizieren. Wer es zulässt, immer wieder so behandelt zu werden, der lehnt sich selber ab. Also, wenn ich jemanden beschenke und dafür nur abwertende Kommentare ernte, dann beschenke ich den gewiss kein zweites Mal. Das kann ich mit meinem Selbstrespekt nicht vereinbaren.

Meine Klientin und auch jene Mutter werden aber immer so behandelt. Sie scheinen es zu ignorieren und machen immer weiter wie bisher. Da muss es einen Aspekt in ihnen geben, der der Ansicht ist, sie haben es nicht besser verdient, einen kleinen Selbsthass oder eine Selbstablehnung. Dieser Aspekt ist wohl so stark, dass er bei der Schöpfung der Mitmenschen eine tragende Rolle spielt.

Verstehst du, was ich meine? Die Ablehnungen durch andere Menschen spiegeln ihnen hier nur ihre eigene Selbstablehnung wieder.

Wie kommt es, dass sie sich das von den anderen gefallen lassen? Wieso hauen sie nicht einfach mal mit der Faust auf den Tisch und verbitten sich diese Behandlung ein für alle Mal? Oder wieso brechen sie einige dieser Kontakte nicht einfach ab und suchen sich Menschen, die netter zu ihnen sind? Mir scheinen zwei Antworten auf diese Fragen am wahrscheinlichsten und letztlich laufen beide Antworten auf ein und dasselbe hinaus. Entweder sie sind sich keine bessere Behandlung wert, oder sie haben zu große Angst davor, am Ende ganz alleine, ohne Freunde und Familie dazustehen.

Wenn du so große Angst vor Beziehungsverlust hast, dass du dich lieber wie Dreck behandeln lässt, dann ist das auch nur ein Zeichen für einen Selbsthass. Wer sich selber wenigstens einigermaßen liebt, der wird sich keine solche Behandlung gefallen lassen.

Und da liegt eben der Hund begraben, wie man so sagt:

Es ist eben dieser mehr oder weniger versteckte Selbsthass oder die Selbstablehnung, die ihre Schöpferkraft mit einbringt und dafür sorgt, dass sich zum Beispiel auch die neue Freundin des Sohnes lieblos und unfreundlich verhält. Wenn du so eine Energie in dir hast, wird sie bei allen Schöpfungsakten mitspielen: Der ungerechte Richter, der dir nicht Recht gibt, der mies gelaunte Sachbearbeiter in der Agentur für Arbeit, die muffige Verkäuferin oder die Kollegin aus dem Sportverein, die alle anderen, aber nicht dich, zu ihrer Geburtstagsparty einlädt. All das und mehr wird der Selbsthass dich erschaffen lassen. Warum? Warum passiert so etwas Gemeines mit dir? Weil es hier um einen wichtigen Wachstumsschritt für dich geht. In jedem der oben genannten Ereignisse liegt ein kleiner Komfortzonenverlust. Wenn der Richter dem falschen Recht gibt und nicht dir, verlierst du die Komfortzone „Gerechtigkeit". Wenn der schlecht gelaunte Sachbearbeiter dich anpflaumt, verlierst du die Komfortzonen „Respekt und Höflichkeit". Eine muffige Verkäuferin kann dich unter Umständen die Komfortzone „Gute Laune" kosten und die Vereinskameradin, die alle anderen einlädt, nur nicht dich, bereitet dir damit so viel Schmerz und Enttäuschung, dass es dich bestimmt mindestens einen ganzen Tag „Wohlbefinden" kostet.

Und wie geht man damit um?

Also erst einmal: Nicht ignorieren, nicht einfach hinnehmen, nicht die Gefühle von Schmerz und Verletzung unterdrücken. Die werden nämlich gebraucht. Sie zeigen dir, dass dir eine Komfortzone fehlt. Hier liegt eine Aufforderung vor, sich zu entwickeln, ein neues Element zu suchen. Möglicherweise könnte ja Selbstliebe hier das neue Element sein. Dazu muss der Schmerz aber zur Kenntnis genommen werden. Jene Mutter, von der ich weiter oben schrieb, ist auch so eine arme Person, die sich auf einer schmelzenden Eisscholle zusammenkauert und versucht mit dem zufrieden zu sein, was sie noch hat.

Tu das nicht. Richte dich nicht auf der schwindenden Eisscholle ein. Rede dir nicht ein, dass alles in Ordnung ist und es den Menschen in anderen Ländern noch viel schlechter geht. Mit so einem Argument verhindern wir doch nur, dass wir unser eigenes Leid ernst nehmen.

Verpasse nicht die Chance auf eine Veränderung zu sehr viel mehr Selbstliebe und entsprechend auch eine viel, viel bessere Behandlung durch andere Menschen. Hier will etwas Gutes in dir wachsen.

Frage: Wie kannst du das immer herausfinden? Wie kannst du wissen, worum es geht und um welchen Weg?

Die Antwort lautet: Wahrhaftigkeit.

Den Weg zu verfehlen oder zu übersehen, hat immer etwas damit zu tun, dass wir uns selbst gegenüber nicht ehrlich sind.

Hier kommen wir wieder zu einem jener Punkte, wo es darum geht, es einfacher zu machen und nicht schwerer.

Die Unterdrückung deiner Gefühle ist eine anerzogene Verhaltensweise und kein Teil deiner wahren Persönlichkeit.

Deine Erziehung und all deine späteren Erfahrungen haben dich vielleicht dazu gebracht, dich so zu verhalten. Du übergehst deine Empfindungen und machst tapfer weiter. Du ignorierst den Schmerz und schreitest voran. Aber! Wenn das nicht wirklich du bist, wenn das nur eine antrainierte Verhaltensweise ist, dann kostet es dich Kraft, es zu tun. Die ganze Zeit über, jeden Tag, jedes Mal bringst du eine gewisse Kraft dafür auf, deine wahren Empfindungen und Wahrnehmungen zu übergehen. Wir merken das irgendwann gar nicht mehr. Es ist so sehr zur Gewohnheit geworden, dass wir den permanenten leisen Kraftverlust überhaupt nicht bemerken. Trotzdem ist es sehr wichtig, dies zur Kenntnis zu nehmen.

Als ich in jungen Jahren eine kurze Zeitspanne bei den amerikanischen Indianern war, da fühlte sich immer etwas so seltsam für mich an. Zuerst konnte ich dies seltsame Gefühl nicht einordnen, doch dann fiel es mir auf. Die Indianer machten keine Anstalten mich zu kritisieren. Den anderen ständig zu kritisieren, zu korrigieren und ihn in Passform bringen zu wollen, ist kein Teil ihrer Kultur. Es war für mich ein bisschen so, als würde ich immer wieder in die leere Luft schlagen. Da erst wurde mir bewusst, dass wir in Deutschland so daran gewöhnt sind, dass die anderen uns sofort widersprechen, uns sofort widerlegen wollen und sofort kritisieren und korrigieren wollen, dass wir immer einen kleinen Teil unserer Kraft zurückbehalten, um uns damit wehren zu können. Diese Kraft lief bei den Indianern ins Leere. Früher hatte ich überhaupt nicht bemerkt, wie ich immer ein Päckchen Kraft zurückgelegt hatte, um es im Notfall für den Widerstand zu gebrauchen.

So ist es auch mit deiner Kraft, die du verwendest, um dich selbst zu unterdrücken. Es fällt dir gar nicht mehr auf. Aber es ist deine Kraft und es schwächt dich, dass du sie gegen dich selbst einsetzt. Das ist SCHWER. Das meine ich mit schwer, wenn ich sage, wir können es uns auch leicht machen.

Um ins Leichte zu kommen, musst du natürlich eine kleine Angsthürde überwinden. Werden die anderen dich noch mögen, wenn du dich veränderst? Werden sie dich weiterhin akzeptieren? Werden sie dich angreifen? Werden die freiwerdenden Gefühle womöglich heftig sein und dich überfordern? Je, nun. Du musst in den Apfel hinein beißen, um zu wissen, wie er schmeckt.

Ist die Hürde erst einmal genommen, wird es zu einer neuen Gewohnheit, deine Gefühle nicht mehr zu unterdrücken, sondern sie stattdessen zur Kenntnis zu nehmen. Nach außen hin für die anderen verändert sich damit erst mal noch gar nichts. Sie können den Unterschied nicht „sehen".

Aber für dich wird es sofort leichter, weil du an dieser Stelle dann du selbst sein kannst, ohne dich unterdrücken zu müssen. Und ich meine das ernst! Es ist wirklich LEICHTER. Ist ja auch logisch. Stelle dir vor, dass du deine linke Faust permanent ballst und anspannst. Du erschöpfst deine Muskeln und verkrampfst dich. Wenn du damit aufhören kannst und die Faust wieder zu einer Hand werden darf, dann ist es definitiv leichter.

Okay, und nun schauen wir einmal weiter. Nehmen wir an, du hast dich entschieden, diesen Schritt zu wagen, hast es auch geschafft. Nun nimmst du zur Kenntnis, was du fühlst. Wie geht es dann weiter?

Bis hierhin hast du erst mal eines erreicht: Du kannst nun erkennen WIE du dir die Reaktionen deiner Mitmenschen erschaffst. Du kennst nun die Gefühle in dir, auf die die anderen schon die ganze Zeit über reagiert haben. Du bemerkst deinen Schmerz, deine Ängste, deine Selbstzweifel und Zweifel, deine Urteile und Verurteilungen, deine

Ablehnungen und womöglich auch noch so erschreckende Dinge wie Missgunst, Hochmut, Eifersucht. Könnte ja alles sein.

Keine Angst, wir sind ja noch ganz am Anfang. Erst einmal gilt es, diese Dinge zur Kenntnis zu nehmen, damit du dich selber kennst, so wie du zu dem Zeitpunkt eben gerade bist. Wenn du das alles erkennst, dann weißt du, warum die anderen dich abgelehnt haben. Sie wissen es vielleicht nicht, haben nur instinktiv reagiert, aber du kennst nun die Ursachen.

Als nächstes machen wir eine scharfe Kurve, um dem Impuls auszuweichen, dich als schuldig und schlecht anzusehen. Du musst dich nicht so sehen. Die anderen sind ebenso und tragen dieselben Egostrukturen in ihrem Innern mit sich herum. Sie halten es nur verborgen. Wir sind alle Menschen und wir haben unsere Schwächen.

Eingangs sagte ich ja, es dreht sich alles um Entwicklung. Hier nun eröffnet sich ein weites Feld für alle möglichen Entwicklungsschritte.

Jetzt kommt vielleicht wieder die Stimme hoch, die sagt: Das ist zuviel. Das schaffe ich niemals. Das überfordert mich.

Dieser innere Kritiker irrt sich. Er sieht sich die Sache falsch an. Stelle dir vor, du wärest ein Bauer und du stehst vor einem richtig großen Feld, dass du bestellen sollst. Wenn du dir vorstellst, eine Fläche von mehreren Fußballfeldern soll von dir mit Mais bepflanzt werden, dann würdest du ja auch denken, das ist zuviel. Aber dafür gibt es doch Pflüge, Saat- und Erntemaschinen.

In der Persönlichkeitsentwicklung heißt das, es gibt Methoden, Übungen, Praktiken und Tricks.

Und der Bauer kann auch nicht an jedem Saatloch zur gleichen Zeit auftauchen. Er muss sich eines nach dem anderen vornehmen. So habe ich es seinerzeit auch gemacht. Ich habe mich auf die Schwäche zuerst gestürzt, die ich am unerträglichsten fand. Dann habe ich mich darauf konzentriert und daran gearbeitet. Da in diesen Dingen immer eine geheimnisvolle Magie schlummert, hatte ich, nachdem ich die eine Sache in den Griff bekommen hatte, zugleich auch mehrere der anderen mit erledigt. Ich möchte dir gern eine der Methoden nahe bringen, die immer sehr hilfreich sind, wenn es um Entwicklung geht. Es handelt sich dabei um eine Sichtweise. Eine spezielle Art, dich und dein Thema zu betrachten.

Die meisten Menschen sehen sich und andere mit dem Schuldblick. Entdecken sie bei sich einen Fehler, fühlen sie sich schuldig, hat der andere einen Fehler gemacht, bekommt er die Schuld rübergeschoben. Das ist ganz schön schmerzhaft. So musst du dich aber nicht sehen.

Du bist ein Mensch, der in seinen Entwicklungsprozessen steckt. Ein Mensch, der nicht nur aus seiner persönlichen Vergangenheit mit all ihren Schmerzen, Irrtümern, Ungerechtigkeiten und Missverständnissen kommt, sondern auch aus seiner gesellschaftlichen Vergangenheit mit all ihren gesellschaftlichen Sichtweisen, Irrtümern, Ungerechtigkeiten und Missverständnissen. Du steckst in dem einen drin wie in dem anderen. Und du kommst aus der Menschheitsvergangenheit mit all ihren Strömungen, Schritten, Taten und Zielen. Dass du so bist, wie du jetzt gerade bist, das hat beileibe nicht nur mit dir allein zu tun. Du bist geprägt durch die Strukturen, die Menschen seit Jahrtausenden aufgebaut haben. Du bist geprägt durch die Strukturen, welche die dich umgebende Gesellschaft seit Jahrhunderten aufgebaut hat. Und du bist geprägt durch die Strukturen, die deine Familie aufgebaut hat. Selbst der kleine Rest, der dann noch für dich zur Verwaltung und Verantwortung übrig bleibt, ist nicht allein dein. Du bist auch geprägt durch deine Eigenschaften, deine Qualitäten, dein

Begabungsprofil, das Maß deiner Resilienz. Wenn du das berücksichtigst, kannst du dir unmöglich allein die Schuld an allem geben. Und dann ist da die Welt, rauscht auf dich zu wie ein Sturm. All die Menschen, sie alle wollen etwas von dir: „Höre mir zu, respektiere mich, sieh mich an, liebe mich, gehorche mir, tu, was ich dir sage, sei so, wie ich es von dir will, gibt mir deine Kraft, gibt mir deine Aufmerksamkeit, gib mir dein Geld, sei mir eine Freundin, sei mir eine Mutter, sei mir eine Tochter, sei ordentlich, lies deine Behördenbriefe, bewahre sie gut auf, verstehe sie, obwohl sie unverständlich sind, sei dreimal schlauer, als du bist, mach alles richtig, fülle jeden Antrag ordnungsgemäß und zur richtigen Zeit aus, sei geduldig, beschwere dich nicht, bleib gesund, sei du selbst, sei anders, liebe deine Kinder, setze ihnen Grenzen, sei von morgens bis abends aufmerksam, übersieh kein Stoppschild, werde nicht aggressiv, setze dich durch und so weiter.

Du bist ja dein Leben lang wie gegen einen Sturm angelaufen, hast dich gegen all diesen Gegenwind gestemmt, hast dich Schrittchen für Schrittchen voranbewegt, bist mehrfach umgepustet worden, warst vielleicht in Versuchung, nie wieder aufzustehen, bist aber doch wieder aufgestanden und hast dich weiter gekämpft. Wenn du das auch einmal betrachtest, dann wird deutlich, wie gut du dich gehalten hast. Und du hast deinen Weg trotz allem bis zu diesem Buch gefunden. Und jetzt bist du hier.

Ich sehe dich nicht als Versager, als schwach oder unfähig. Du warst großartig. Wir hegen nur die falsche Vorstellung von viel zu großen Schritten, die wir meinen tun zu müssen. So als ob der Bauer sein Feld betrachtet und meint, er müsse die Samen in jedes Samenloch zur gleichen Zeit einfüllen. Aber so kann es ja gar nicht funktionieren. Selbst der längste Weg beginnt mit dem ersten Schritt und ein Feld bestellt man ein Löchlein nach dem anderen. Und auf geheimnisvolle Weise kommt man dabei viel weiter voran, als es sein kann.

Bei all dem Gegenwind, der Einschränkung durch Gesellschaft und Familie ist es doch verständlich, wenn du in dir auch ein paar nicht so tolle Gefühle entdeckst, wie Eifersucht oder Rachsucht. Stelle dir vor, du wärest ein kleines Kind von vielleicht fünf Jahren, das einen Kummer erlitten hat und es dem anderen Kind nun heimzahlen will. Nimm dieses Kind, das du selber bist, liebevoll in die Arme und hilf ihm zu verstehen, dass das Heimzahlen nur die Freundschaft zerstört und Kummer immer neuen Kummer erschafft.

Betrachte doch einmal dein Leben und all die Schritte, die du unternommen hast mit diesem Blickwinkel. Sieh dich als beladenen Menschen, der gegen den Sturm der Welt anzukämpfen hatte. Dann kannst du erst ermessen, wie groß deine Leistungen in Wirklichkeit gewesen sind. Bei soviel Gegenwind und Belastung ist es höchst erstaunlich, dass du es bis hierher geschafft hast. Was für eine Leistung!

6 UNSERE BEZIEHUNGEN

In Kapitel fünf habe ich beschrieben, wie wir in unseren Kommunikationen unermüdlich als Schöpfer am Werk sind und unser gegenüber erschaffen und verwandeln. Dasselbe gilt natürlich auch für unsere Beziehungen. Wir glauben, unseren Partner zu kennen, aber auch hier finden permanente Schöpfungsakte statt.

Hier mal ein Beispiel.

Eine Klientin hatte sich von ihrem Mann getrennt, weil er sich nicht um sie gekümmert, sich nicht für ihre Themen interessiert und nicht mehr mit ihr kommuniziert hatte. Auch wollte sie gern Kinder und er lehnte dies ab. Einige Zeit später begann der Mann eine neue Beziehung mit einer anderen Frau. Und hier nun konnte meine Klientin sehen, dass er dieser anderen Frau all das angedeihen ließ, wonach sie sich bei ihm vergeblich gesehnt hatte. Er kümmerte sich liebevoll um seine neue Partnerin, führte lange Gespräche und war sehr interessiert an ihren Themen. Und um dem Fass die Krone aufzusetzen, war schon bald auch Nachwuchs unterwegs.

Im ersten Moment ist so etwas schon sehr verletzend für eine Frau. Solche Beispiele höre ich in meinen Sitzungen sehr oft. Da werden Reisemuffel auf einmal zu Weltreisenden, kaum dass sie eine neue Beziehung angefangen haben. Da scheinen sich Ehepartner um 180° zu wandeln und sie tun auf einmal genau das, was sie in ihrer früheren Beziehung immer so abgelehnt haben.

Wie ist denn so etwas möglich?

Wenn unser Ehemann sich in der Beziehung mit uns stets beharrlich geweigert hat, auf Feiern, Tanzvergnügen und Dorffeste zu gehen und mit seiner nächsten Partnerin wird er plötzlich zum Partylöwen, dann können wir ziemlich sicher sein, das wir selbst es waren, die den Feiermuffel erschaffen haben. Und die neue Frau erschafft in ihm etwas anderes.

Das geht jetzt nicht so weit, dass wir überhaupt keine Persönlichkeit mehr besitzen und quasi Wachs in den Schöpfungshänden anderer sind, aber es geht mitunter doch schon ziemlich weit. Generell kann man sagen: Je unbewusster ein Mensch ist, desto besser können andere ihn erschaffen. Ein bewusster Mensch kann sich dagegen wehren und bei sich bleiben. Ich habe zum Beispiel einmal eine Zeit lang mit einem Messi zusammen gelebt. Der Mann beschränkte sein Messiproblem weitestgehend auf seine eigenen Räume, aber ab und zu fand ich Kisten mit leeren Flaschen, merkwürdigen Gegenständen und allerlei Kram in meinen Räumen. Ich ging damit um, indem ich diese Sachen immer in sein Zimmer legte. Aber mit der Zeit fühlte ich Aggressionen in mir aufkommen. Diese Aggressionen fühlten sich seltsam unvertraut an, als seien sie gar nicht wirklich von mir. Deshalb hatte ich auch keine Lust, wütend zu werden. Irgendwann führten wir ein Gespräch miteinander und ich fragte ihn, ob es sein könne, dass er durch einen unbewussten Schöpfungsakt versuchte, mich wütend zu machen. Er dachte darüber nach und bejahte es schließlich: „Ja, ich glaube, da ist etwas dran. Ich habe irgendwie die Erwartungshaltung, dass du wütend werden solltest über meinen Kram in deinen Räumen. Als du gestern an der leeren Flaschenkiste vorbei gegangen bist, habe ich mich gefragt, warum wird sie denn jetzt nicht wütend?"

Dies Beispiel zeigt, dass wir auch in der Lage sind, unsere Position zu halten, aber die Schöpferkraft des anderen rüttelt so an uns, dass wir das bemerken werden. Es gibt dafür übrigens einen Ausdruck, der von Arnold Mindell, dem großen Schamanen geprägt wurde. Das Wort nennt sich „aufträumen". Wenn der Messi es geschafft hätte, mich wütend zu machen, obwohl das gar nicht zu meinem typischen Verhaltensrepertoire gehört, dann hätte er mich aufgeträumt. Die Frau, deren Mann nicht mehr mit ihr reden will, hat ihn aufgeträumt. Und die nächste Frau träumt ihn neu. Dieses Aufträumen ist unser permanenter Schöpfungsakt innerhalb unserer Beziehungen. Es ist möglich, ja sogar wahrscheinlich, dass dein Partner gar nicht so ist, wie du immer denkst. Wir machen unsere Erfahrungen mit einem Menschen und dann werden diese ganz schnell zu Erwartungshaltungen. Wir erwarten, dass der andere so und so reagieren wird. Ich erlebe das sehr häufig in meinen Sitzungen. Wenn ich meine Klienten zum Beispiel frage, ob sie ihren Konfliktpartner denn nicht einmal zur Sitzung mitbringen wollen, wie oft sagen meine Klienten so Dinge wie: Nein, das würde meine Mutter niemals tun. Das macht mein Mann nicht mit. Das ist nichts für meinen Sohn. Bei Gelegenheit ergibt es sich dann aber, dass ich die Konfliktpartner selber treffe und ich frage sie, wenn sie zum Beispiel ihre Frau abholen, ob sie nicht einmal an so einer Sitzung teilnehmen möchten. Dann bekomme ich fast immer ein bereitwilliges Ja als Antwort. Zur grenzenlosen Überraschung seiner Ehefrau, sagt der Mann dann: „Ja, tolle Idee, ich habe auch schon darüber nachgedacht."

Wenn du wirklich mehr über deinen Partner wissen willst, dann kann ich nur empfehlen, ihm täglich eine neue Premiere zu gewähren. Sieh ihn immer wieder so, als hättest du keine Vorerfahrungen mit ihm. Das kann schon einiges lösen. Aber natürlich geht es auch darum, auf sich selber zu blicken und herauszufinden, welche unserer inneren Anteile unseren Partner so verwandeln, dass er uns dann nicht mehr gefällt.

Ich habe hier mal eine kleine (nicht vollständige) Liste der Aspekte zusammengestellt, die mit Garantie unangenehme Verhaltensweisen in unseren Mitmenschen fördern:

Opferhaltungen

Ängstlichkeit

Ablehnung von Verantwortung

Unterwürfigkeit

Selbsthass, Mangel an Selbstliebe

Mangel an Selbstrespekt

Provokation

Kritik, Vorwürfe und leider, leider auch Schmerz und Leid

Wenn wir den anderen mit einer Opferhaltung begegnen, reagieren viele Menschen, vor allem viele unbewusste Menschen, mit Gemeinheit darauf.

Zeigen wir uns ängstlich – und hier meine ich nicht, wenn wir ein echtes Angst oder Panikproblem haben – hier meine ich, wenn wir uns ängstlicher benehmen, als es unserem Alter entspricht, dann reagieren sehr viele Menschen darauf genervt.

Verweigern wir es, die Verantwortung für uns selbst zu tragen, verwandelt sich unser Partner oft in einen Tyrannen.

Geben wir uns unterwürfig und spielen die Dienstmagd, wird der andere häufig zum Pascha. Aschenbrödel erzeugt niemals einen Prinzen.

Mangel an Selbstliebe oder gar Selbsthass erzeugen richtig üble Situationen und wirklich heftige Erfahrungen. Wir werden zum Fußabtreter der anderen und machen schwerwiegende Ablehnungserfahrungen.

Mangel an Selbstrespekt führt schlicht dazu, dass wir nicht respektiert werden.

Provokationen, auch unbewusste, machen die Menschen wütend und trennungsbereit.

Kritik und Vorwürfe führen zu endlosen schmerzhaften Konflikten.

Und wirklich grausam ist es, dass auch das alte Leid in uns Schöpferkraft besitzt und es wird uns Kummer und Schmerzen erschaffen. Dauerhaftes Glück ist nicht möglich, wenn noch ein großes Maß an altem Leid in uns wohnt.

Aber all das ist nicht dazu da, uns zu quälen und uns hier eine Hölle auf Erden zu erschaffen. All das wird zu immer neuen Entwicklungsimpulsen. Wir sehen sie nur nicht und erkennen ihr Potenzial nicht. Werden die Entwicklungs-impulse nicht genutzt, wiederholen sie sich und werden dabei langsam heftiger. Deshalb kann ich wirklich nur empfehlen, sich diesen Impulsen lieber zu stellen, sie zu durchleben und an ihnen zu wachsen. Sonst hört das ja nie auf!

Vor langer Zeit erzählte mir eine junge Frau, sie habe wohl ein Muster. Da gäbe es etwas, das sich in ihrem Leben immer und immer wiederholt. Sie findet eine neue Liebe, ist ganz verzückt und selig. Dann hilft sie ihm dabei, seine Wohnung, sein Atelier oder seine Praxis zu renovieren und einzurichten – und dann gesteht er ihr, dass er sich neu verliebt hat in eine andere. Ich fragte sie, wie oft das denn schon passiert sei und sie antwortete: „Na so an die 25 Mal."

Uff!

Da wird es aber Zeit, den Entwicklungsimpuls anzunehmen.

Und wie geht das? Was hätte zum Beispiel diese junge Frau tun können?

Da gibt es richtig viele verschiedene Möglichkeiten. Ich persönlich gehe ja immer gern in medias res, ich frage mich dann: Wie habe ich mir das erschaffen.

Es muss ja etwas geben, dass sie immer wieder tut, fühlt oder denkt. Sie hat sich ja 25 Gelegenheiten erschaffen, um sich selbst zu betrachten. Da sollte es sich doch finden lassen.

Es könnte alles Mögliche sein. Vielleicht hat sie einen Mangel an Selbstrespekt. Vielleicht hat sie eine so massive Erwartungshaltung, dass dieser Mann sie auch wieder erst ausnutzen und dann verlassen muss, dass es ihn aufträumt. Vielleicht hat sie kein Gefühl für ihren eigenen Wert und kann ihm daher auch kein Gefühl vermitteln, dass sie ein wertvoller Mensch ist. Das können wir nicht entscheiden und es bringt auch nichts hier herumzuraten. Die Information befindet sich in ihrer Seele und sie kann sie dort auch auffinden, sofern sie das wirklich will. Sie muss ja nur ehrlich hinschauen. Dann wird sie sehen, was sie tut und wie sie es tut. Und dann kann endlich das neue Element zu ihr kommen. Es steht zu vermuten, dass es bei dem fünfundzwanzigmaligen Verlust einer Komfortzone immer um dieselbe Sache ging. Etwas Neues will zu ihr, etwas Schönes, Gutes. Vielleicht Selbstbewusstsein oder Selbstliebe, vielleicht Selbstwert oder Wahrheit. Wenn sie es gefunden und integriert hat, kann sie immer noch den einen finden, der sie zu schätzen weiß und sie nicht als kostenlose Renovierungshilfe haben will.

Und darum geht es immer und die ganze Zeit. Es gibt offenbar eine geheimnisvolle Kraft (Gott? Wir selbst? Unser höheres Selbst? Die Natur der Dinge?), welche uns heilen, stärken und befreien will. Diese Kraft will nicht, dass wir ein Leben lang mit Schmerz und Kummer herumlaufen und sie will auch nicht, dass wir Gefühle, Muster und Verhaltensweisen in uns tragen, die uns mit Garantie immer wieder Leid und Kummer bereiten werden.

Diese Kraft sorgt immer wieder dafür, dass neue Entwicklungsimpulse an uns heran getragen werden. Und jeder dieser Impulse beinhaltet die Chance auf einen Wachstumsschritt.

Eines der größten Hindernisse, wenn es um unser Wachstum geht, sind die eigenen Widerstände dagegen. Wir wehren uns, und wie wir uns wehren. Es fällt uns unheimlich schwer, Altes, Gewohntes loszulassen.

Eine solche Gewohnheit ist es, nicht auf uns, sondern den anderen zu blicken. Das ist einer der mächtigsten Wachstumsverhinderer überhaupt.

Unser inneres Wachstum findet logischerweise immer in uns statt und nicht in unserem Mann oder Chef oder Leben. Wir erleben den Verlust einer Komfortzone und verlangen, dass andere sich ändern sollen.

Ich habe den Eindruck, als ob sich hier so langsam ein Bewusstseinsschritt getan hat. Früher hatte ich so viele Klienten, die in den Sitzungen immer über „den anderen" reden, schimpfen und klagen wollten oder sich Gedanken darüber machen, warum er etwas getan hat, was er wohl braucht oder will und so weiter. Damals war es schwer, diese Menschen dazu zu bringen, dass sie zusammen mit mir auf sich selber blicken. Aber ernsthaft, was soll denn eine

Sitzung bringen, in der wir nur über „den anderen" sprechen. Als ob wir „den anderen" dadurch irgendwie verändern könnten.

Heute erlebe ich es ganz anders. Die Menschen sind überaus bereit, mit mir über sich selbst zu sprechen. Dadurch erreichen wir natürlich auch etwas in den Sitzungen.

Alles, was andere uns antun, sofern es einen Komfortzonenverlust mit sich bringt, ist eine Aufforderung, zu wachsen und einen neuen Schritt zu tun. Es kommt gelegentlich vor, dass meine Klientinnen mir sagen: „Aber warum muss denn immer ich den Schritt tun? Kann er sich nicht auch mal bewegen?" Hier meine Antwort:

Wenn du den Verlust einer Komfortzone erlitten hast, dann ist es auch dein Schritt. Dann ergeht die Aufforderung zu wachsen an dich. Er wird sich möglicherweise bewegen, wenn er eine Komfortzone verliert. Das aber ist dann seine Angelegenheit, nicht deine.

Wie verlieren wir denn Komfortzonen in unseren Beziehungen?

Hier habe ich einige Beispiele dazu.

Eine Klientin berichtete mir, dass sie ihren Mann einfach nicht mehr aushalten könne. Er würde ständig an ihr herumkritisieren, sie bevormunden und ihr sagen, was sie zu verändern habe.

Da sie ja sagte, sie könne es nicht mehr aushalten (wir sollten unsere Mitmenschen immer ernst nehmen, wenn sie so etwas sagen) hat sie die Komfortzone „Harmonie, häuslicher Frieden, Entspannung" verloren. Gerade diese Komfortzone ist aber besonders wichtig. Wenn wir an unserem Arbeitsplatz oder im Sportverein Ärger haben, halten wir das trotzdem aus, sofern wir uns zu Hause davon erholen können. Aber wo wollen wir uns erholen, wenn es zu Hause furchtbar ist?

Dieses Beispiel zeigt auch gut, warum wir so schnell auf den Dampfer kommen, über den anderen nachzudenken und uns über ihn aufzuregen. Vordergründig siehst es hier ja so aus, als wäre definitiv „er" das Problem, denn alles, was sie nicht aushalten kann, kommt von ihm.

Er wird sich aber nicht ändern und warum auch? Wenn er nicht einmal ein Problem hat, wird er hier so schnell auch nicht wachsen. Der andere kann immer nein sagen. Der andere kann immer sagen „ich verstehe nicht" oder „ich sehe das nicht so". Dann sitzen wir in der Falle. Wir leiden und warten darauf, dass ein anderer unser Leiden beendet. Tja, da können wir dann aber lange warten und lange weiter leiden.

Wie sieht dieses Beispiel denn aus, wenn der Wachstumsimpuls angenommen wird?

Oh, da gibt es viele Möglichkeiten. In diesem Falle war es so, dass die Frau zunächst einmal auf sich blickte. Ich fragte sie: Was in dir bringt dich dazu, es auszuhalten?

Das war eine ernst gemeinte Frage. Wenn wir etwas nicht aushalten können, es aber irgendwie trotzdem aushalten, wer in uns oder was in uns lässt uns das so machen?

Die erste Antwort lautet vielleicht: Weil ich nicht weiß, was ich sonst tun soll.

Das ist bestimmt auch die Wahrheit, aber fragen wir weiter: Was hat dich daran gehindert, eine Antwort auf die Frage, was du tun kannst zu suchen?

Wir müssen dem auf die Spur kommen, was in uns diese Situation erschaffen hat. Damit meine ich absolut nicht, dass wir zu faul oder zu träge waren, uns zu bewegen und

Lösungen zu suchen. So einfach ist es nicht. Wir sind mit unserem Partner verbunden und verbandelt durch unzählige unsichtbare Fäden. Da ist die Liebe und da ist die Hoffnung auf eine Besserung der Beziehung. Da ist die Erinnerung an schönere Zeiten, da sind auch die praktischen Erwägungen und die Kinder und so weiter.

Es gibt Frauen, die lassen sich so etwas nicht gefallen – ich zum Beispiel. Wenn jemand an mir herumkritisiert, dem würde ich aber was husten. Oder ich mache mich lustig. Kürzlich hat jemand zu mir gesagt: „Es muss immer nach deinem Willen gehen", und ich antwortete ihm: „Tja, das Leben kann so hart sein."

Das konnte ich früher auch nicht, Früher habe ich mich aufgeregt, wenn ich kritisiert wurde, habe geschimpft, gezetert und mich endlos gerechtfertigt. Aber jedes einzelne Mal, wo mir das passiert ist, lag darin auch eine Aufforderung zu wachsen. Und mit der Zeit ist in mir ein Bewusstsein für meinen Wert gewachsen. Mittlerweile kann ich es fühlen, ganz deutlich in mir fühlen, dass diese ganzen Kritiken in Wirklichkeit überhaupt nichts mit mir zu tun haben. Es ist auch meine Würde gewachsen. Ich habe ein ganz klares Bewusstsein dafür, wie ich nicht behandelt werden will und was ich auf keinen Fall gewillt bin zu dulden. Das ist in mir gewachsen im Laufe meines Lebens anhand zahlloser kleiner Komfortzonenverluste, wenn ich kritisiert wurde.

Weiter oben beschrieb ich eine Frage, die ich jener Klientin stellte:

„Was in dir bringt dich dazu, das auszuhalten?"

Hier gab es eine unbewusste Opferhaltung. Diese Frau fühlte ganz deutlich, dass die Rolle, die sie in der Beziehung spielen sollte, nicht zu ihr passte, aber der Mut, sich aus dieser Rolle zu befreien und sie energisch zurückzuweisen, war noch zu klein. Das Rollenspiel in der Beziehung sah ja eher wie das Verhältnis zwischen Lehrer und unmündigem Schüler aus. Der eine sagt an, was richtig ist und der andere soll sich daran halten. In so einer Rolle kann die Frau nicht gedeihen und das ist auch keine Liebesbeziehung. Liebe erfordert gegenseitigen Respekt und Vertrauen. Wir können nicht des anderen Partner sein, wenn wir gleichzeitig auch sein Lehrer oder Therapeut sein wollen. Und wir können nicht des anderen Partner sein, wenn wir zugleich auch sein Schüler oder Klient sein sollen. Eine Partnerschaft erfordert die Fähigkeit, selbst die Verantwortung für uns zu übernehmen. Der andere ist nicht dafür da, dass wir ihm sofort unsere Verantwortung mit aufladen. Diese Klientin brauchte die Fähigkeit, die Verantwortung dafür zu übernehmen, wie sie sich fühlte. Diesen Satz finde ich so wichtig, dass ich ihn wiederholen möchte:

Diese Klientin braucht die Fähigkeit, die Verantwortung dafür zu übernehmen, wie sie sich fühlte.

Das war der Keim, der hier wachsen konnte, zusammen mit dem Mut, sich über die eigenen Beziehungsverlustängste hinwegzusetzen. Das waren ihre beiden neuen Elemente. Sind diese beiden Kräfte gewachsen, kann sie es auch schaffen, in ihrer Beziehung eine Kommunikationssituation aufzubauen, die menschenwürdiger ist und keinem so unangenehmen Rollenspiel entspricht.

Aber bestimmt möchte jetzt noch jemand fragen:

„Ja aber wie denn, wie macht man das konkret? Ich habe das Problem auch und ich will es lösen".

Da gibt es mehrere Möglichkeiten (aber bedenke, bevor du eine davon ausprobierst, solltest du erst das neue Element in dir wachsen lassen, denn sonst werden diese Ideen für dich nicht funktionieren)

Strategie 1

Wann immer der Mann dich kritisiert, sagst du zu ihm: Du kritisierst mich gerade. Ich will aber nicht kritisiert werden.

Anfangs wird er sich vielleicht darüber aufregen und wie wild argumentieren, dass du die Kritik aber brauchst, weil du so unvollkommen bist. Aber mit der Zeit wird es auch an sein Bewusstsein dringen, dass er ein Kritiker ist und kein Liebender.

Strategie 2

Wann immer er dich kritisiert, sagst du einfach nur: Nimm mich so wie ich bin oder nimm mich gar nicht. Ich kann mich nicht für dich ändern. Aus einer Eiche wird keine Tanne und aus einer Tanne wird keine Linde.

Strategie 3

Immer, wenn er dich kritisiert, sagst du: Du langweilst mich mit deiner ewigen Kritik.

Strategie 4

Hab ich mal angewendet: „Stopp!!!!! Ich will diesen Ton von dir nicht hören. Ich spreche immer freundlich und respektvoll mit dir und das erwarte ich von dir auch!!!!!"

Strategie 5

Verlasse jedes Mal den Raum, wenn er es tut. Sorge aber dafür, dass du dann nicht frierend in der Waschküche hockst, sondern in einem schönen Raum, in dem du friedlich einer Beschäftigung nachgehen kannst.

Strategie 6

Führe ein gutes Gespräch mit ihm, in dem du ihm deutlich machst, was für ein Rollenspiel ihr beide da am Laufen habt.

Strategie 7

Spüre jedes Mal, wenn er dich kritisiert, in dich hinein, was für Emotionen das in dir wachruft und bewege diese Emotionen, drücke sie aus mit deinem Körper und mit Worten und Geräuschen. Mache dies in deinem Aggressionsraum, allein.

Ich könnte mir wahrscheinlich noch ein paar weitere Strategien ausdenken, denn es gibt hier viele Möglichkeiten. Alle sieben, die ich hier aufgeführt habe, sind so gemeint, dass du damit nicht an ihm arbeitest, sondern an dir. Strategie 4 zum Beispiel, ist nicht der Versuch, den anderen zu ändern. Es handelt sich um eine Maßnahme, mit der du eine Grenze ziehst. Diese Grenze ziehst du für dich und du bist bereit, sie zu verteidigen. Der andere kann immer noch machen und sagen, was er will, aber du bist nicht gewillt, es dir anzuhören. Du hast für dich entschieden, dass dieser Ton in deinen Beziehungen nicht vorkommen soll. Und nun musst du nur noch dafür sorgen, dass es auch so wird. Als ich diese Maßnahme damals ergriffen habe, hat es wunderbar funktioniert. Die beiden Männer haben mich danach tatsächlich nie wieder angeschrien. Ich möchte gern, dass es hier wirklich deutlich wird: ICH hatte mich gewandelt, ICH war gewachsen. Ich bin zu einer Kim geworden, die sich nicht mehr anschreien lässt und basta! Heute passiert mir so etwas auch nicht mehr. Es geht immer von uns selbst aus. Opfer lassen sich alles Mögliche gefallen. Sei kein Opfer, übernimm die Verantwortung für die Art und Weise, wie andere mit dir reden. Das beinhaltet auch die Bereitschaft, solche Menschen gegebenenfalls von dir fern zu halten. Lasse dir Mut wachen, die die Verlustangst ausgleicht.

In guten Beziehungen kann man natürlich auch über diese Themen sprechen. Wenn das möglich ist, empfehle ich dir das als erstes zu versuchen. Aber die anderen Strategien sind auch nicht schlecht.

Aber, was wird dann mit dem Mann?

Nun, er erlebt den Verlust einer Komfortzone.

Bei Strategie 1 zum Beispiel, jener Strategie, bei der du ihm immer wieder und wieder bewusst machst, was er mit dir macht, kann er sich diesem Verständnis auf Dauer nicht entziehen. Vielleicht wird er es versuchen. Ich habe oft von meinen Klientinnen gehört, dass ihre Ehemänner sie dann als „bekloppt" bezeichnet haben „Bist du jetzt völlig bescheuert geworden? Muss ich dich jetzt in die Irrenanstalt einweisen lassen oder was?"

Da musst du beharrlich bleiben. Wenn er so etwas sagt, dann antwortest du: „Und jetzt beschimpfst und beleidigst du mich. Ich will aber nicht beleidigt werden.

Und so machst du weiter: Bei allem, was er sagt, schreit oder pöbelt, gehst du in keiner Weise wirklich NICHT auf den Inhalt ein, sondern du sagst ihm immer nur auf den Kopf zu, was er gerade macht.

„Du schreist mich an. Ich will aber nicht angeschrien werden."

„Du versuchst mich einzuschüchtern. Ich will aber nicht eingeschüchtert werden."

„Jetzt schreist du mich wieder an, ich will aber nicht angeschrien werden"

„Jetzt versuchst du mich zu erpressen. Ich will aber nicht erpresst werden."

Diese Strategie zielt darauf ab, ins Bewusstsein zu heben, was die ganze Zeit über geschieht. Hier wird nichts erklärt, es wird nur ausgesprochen und das unermüdlich jedes einzelne Mal. Auf die Dauer kann sich der andere hier der Erkenntnis dessen, was er tut nicht entziehen. Und falls er sich doch entzieht, indem er dich verlässt, lasse ihn gehen. Wer will denn schon in einer Beziehung leben, wo er angeschrien, erpresst und eingeschüchtert wird?

Ich wette, einige Menschen finden das ganz furchtbar, was ich hier schreibe. Ich selber finde das übrigens auch. Aber ich würde es nicht schreiben, wenn ich nicht so häufig von meinen Klienten zu hören bekäme, dass solche Dinge in ihren Ehen an der Tagesordnung sind. Die Strategie 1 ist natürlich nicht für alle Ehemänner geeignet, sie ist eine Maßnahme für die ganz Egoistischen, Unsozialen und Unbelehrbaren.

Strategie 2 hilft dir dein Bewusstsein dafür zu stärken, dass du ein Recht hast, so zu sein, wie du bist. Diese Strategie habe ich auch schon öfter angewendet und zwar immer dann, wenn Menschen versucht haben, mich zu ändern. Absurderweise versuchen Menschen das gelegentlich. Als ob wir uns ändern könnten? Mir wurde früher oft vorgeworfen, dass ich zuviel rede bzw. es wurde mir vorgeworfen, dass ich überhaupt etwas gesagt habe.

Das hat mir damals sehr wehgetan und einen Komfort-zonenverlust nach sich gezogen. Es hat schon seine Zeit gekostet, um ein solches Selbstbewusstsein zu entwickeln, wie ich es heute habe. Aber heute ist es mir so unendlich klar, dass die Sprache meine ganz große und von Gott gegebene Qualität ist. Meine Worte besitzen oft eine große Macht und wandeln die Dinge spontan zum Guten. Sehr häufig erziele ich große Wirkung mit meinen gesprochenen oder auch geschriebenen Worten. Ich spreche die Welt frei. Ich spreche die Menschen heil. Ich befreie die Wahrheit mit meinen Worten. Mir zu sagen, ich sollte schweigen, ist ein Angriff auf die Wahrheit.

Beim letzten Mal, wo mir doch tatsächlich vorgeworfen wurde, ich würde schlecht über andere reden und ihnen dadurch die Energie stehlen (!!!!!!) habe ich demjenigen geantwortet: Ich kann dir nicht versprechen, dass ich nichts mehr sage. Im Gegenteil, ich kann dir versprechen, dass es wieder passiert. Ich bin, die ich bin, und ich kann und will mich nicht für dich ändern. Eine Tanne wird nicht zu einer Eiche. Wenn du an mir vorbei gehst und die Tannennadeln an meinen unteren Zweigen dich stechen, kann ich mich nicht dir zu Liebe entnadeln, denn das würde meinen Tod bedeuten. Meine Nadeln gehören zu mir und sind ein Teil von mir. Was ich dir aber versprechen kann ist, dass ich wachsen werde. Und vielleicht sind dann irgendwann meine Zweige so hoch geworden, dass du unbeschadet unter ihnen hindurchgehen kannst.

Tja, der hat mir dann die Freundschaft gekündigt.

Dennoch stehe ich voll zu dem, was ich gesagt und geschrieben habe. Die Kritik der anderen zielt fast immer auf unsere Qualität. Wir sollen die Klappe halten, sollen schweigen, weil unsere Worte, so sie aus der Wahrheit kommen und nicht aus unserem Ego, bei ihnen einen Komfortzonenverlust auslösen. Das will natürlich keiner. Das wollen wir ja auch nicht.

Aber wenn du dann schweigst, um einen anderen zu schonen, dann wird er seinen Wachstumsschritt nicht tun. Wenn du dich klein machst, nachgibst, dich zurück nimmst, dann wird der andere nicht wachsen – und du natürlich auch nicht.

In unseren Beziehungen finden ständig solche kleinen Komfortzonenverluste statt und immer wieder ist das eine neue Gelegenheit auf ein wenig inneres Wachstum.

Strategie 3 „Du langweilst mich mit deiner ewigen Kritik" ist natürlich ganz schön heftig und ich würde sie auch nur in heftigen Situationen einsetzen und auch nur, wenn es dich tatsächlich langweilt. Diese Strategie dient genau wie Nummer 4 dazu, eine Grenze zu ziehen und sie zu bewachen. Dem anderen wird hier eine ziemliche Ohrfeige verpasst. Es tut weh, wenn man zu hören bekommt, man sei langweilig. Bedenke das, falls du diese Strategie anwenden willst. Du tust dem anderen weh damit.

Ist das denn erlaubt?

Ja, klar ist es das. Hier geht es um Selbstverteidigung. Wenn ein Einbrecher in mein Haus eindringen würde und ich habe die Chance, ihm eine Flasche oder eine Blumenvase über den Kopf zu hauen, dann mache ich das garantiert und ohne Skrupel. Ich bin eine ältere Dame. Ich kann mich nicht auf einen Kampf einlassen. Das geht ja gar nicht. Ich habe nur eine einzige Chance und die werde ich nutzen.

Und wenn der Einbrecher dann böse Verletzungen davon trägt, dann ist das das Einbrecher-Risiko. Wer in das Land eines anderen eindringt, riskiert es immer, zurück geworfen zu werden. Das ist Berufsrisiko des Eindringlings. Wenn ich die Grenzen anderer Menschen überschreite, werden sie sich wehren und das sollen sie auch. Der Einbrecher kann sich nicht in mein Haus schleichen und dann noch meckern, wenn er eins auf's Dach kriegt.

Mit Kritiken ist es nicht anders. Sie sind Einbrecher, sie dringen ungefragt und ungewollt in unser Herz ein und verletzen uns. Sie sind Krieger. Und wenn wir unsere Grenzen schützen wollen, dann müssen wir uns auch gegen sie verteidigen. Nach Marshal Rosenberg) [1] sind solche Worte eine Form von Gewalt.

Natürlich müssen wir hier auch die Verhältnismäßigkeit der Dinge berücksichtigen. Nur weil der andere sich mal ein klein wenig im Ton vergriffen hat, müssen wir nicht gleich in den Krieg gegen ihn ziehen.

Strategie Nummer 3 ist für die echt harten Fälle gedacht, wo einfache Worte nichts mehr ausrichten.

Strategie Nummer 5 ist vor allem für die Menschen gedacht, die nicht so schlagfertig sind und nicht so gut mit Worten umgehen können. Ziehe dich einfach zurück, erschaffe dir selbst einen schönen Raum, in dem es dir gut geht und in dem dich keiner anschreit, beleidigt und kritisiert. Übernimm Verantwortung dafür, was du dir bieten lässt.

Auch hier entsteht für den anderen ein Komfortzonenverlust. Er braucht dich ja, er will dich ja um sich haben. Aber er kriegt dich nicht, wenn er sich nicht besser benehmen kann. Er wird vielleicht wütend werden und gegen die Tür deines Zimmers trommeln. Dann mache halt die Musik lauter. Bleibe auf deiner eigenen Seite. DU WILLST NICHT KRITISIERT UND ANGESCHRIEN WERDEN!

Um mehr geht es dir hier gar nicht. Du willst ihn nicht erziehen oder ändern. Es geht hier schlicht und ergreifend

---

[1] Marshal Rosenberg: „ Gewaltfreie Kommunikation: Eine Sprache des Lebens"; Jungfermann Verlag 2012.

gar nicht um ihn. Es geht um dich. Du verkriechst dich nicht, um ihn zu bestrafen. Du ziehst dich zurück, weil du in einer guten Energie sein willst und nicht in der verbalen Gewalt. Der andere wird das möglicherweise nicht verstehen, aber das ist seine Angelegenheit, nicht deine. Es ist gar nicht deine Aufgabe, es ihm zu erklären. Dabei ziehst du ja sowieso immer nur den Kürzeren. Bei dieser Strategie geht es einmal nicht um ihn, sondern nur um dich und was du für dich selber willst und brauchst.

Und wenn er seinen Entwicklungsschritt nicht macht?

Ja, das kann passieren. Es kann passieren, dass er dich verlässt und sich eine andere Frau sucht, die er dann immer kritisiert.

In dem Fall bist du frei, dir auch einen anderen Mann zu erwählen, einen der bessere Umgangsformen hat.

Dein Ex wird dann dieselben Dinge immer wieder erleben, immer wieder, vielleicht mehrere Leben lang. Irgendwann versteht auch er und tut seinen Schritt.

Ich hatte einmal eine Katze, die Minki, die war eine wundervolle, fürsorgliche Katzenmutter. Wenn ihre Jungen alt genug waren, führte sie sie an die Straße, um ihnen ein Straßen-Überquerungs-Training zu verpassen. Sie überquerte dann vor den Augen ihrer Welpen unsere Straße, immer wieder, immer wieder und immer wieder. Die Welpen tobten derweil herum, balgten sich, untersuchten die Büsche. Sie dachten überhaupt nicht daran, einmal aufmerksam hinzuschauen, was ihre Mama sie lehren wollte. Wenn eines beim Spielen auf die Straße ging, war Minki sofort zur Stelle, um es wieder zurück zu bringen. Im Gegensatz zu ihren Kleinen war sie sehr aufmerksam. Und sie machte es ihnen ein ganzes Wochenende lang immer wieder vor, wie man auf die Autos achtet und sicher über die Straße kommt. Und irgendwann hatte jedes der Welpen es mehr oder weniger zufällig auch mal mitbekommen und verstanden. Tatsächlich ist hier nie eines von ihnen überfahren worden. Und genau so ergeht es den Menschen auch, die ihren Wachstumsschritt nicht machen wollen. Das Schicksal oder welche höhere Macht auch immer hier zuständig ist, wird ihnen dieselbe Lernsituation immer wieder zurück bringen. Irgendwann wird es dann endlich verstanden.

Aber es kann durchaus auch sein, dass dein Mann dich nicht verlässt, sondern sich entwickelt. Solche Fälle habe ich im Laufe der Jahre so viele gesehen. Nach meiner Beobachtung hängt es in direkter Weise davon ab, wie konsequent du bleibst. Ich habe niemals erlebt, dass eine Person, egal ob nun Mann oder Frau, in so einer Situation gewachsen wäre, wenn der andere immer wieder eingeknickt ist.

Du schwach – er auch schwach.

Strategie 7 ist noch interessant.

Hier zur Erinnerung: Spüre jedes Mal, wenn er dich kritisiert, in dich hinein, was für Emotionen das in dir wachruft und bewege diese Emotionen, drücke sie aus mit deinem Körper und mit Worten und Geräuschen. Mache dies in deinem Aggressionsraum, allein.

Diese Strategie ist etwas für sehr Fortgeschrittene, für Menschen, die sich nicht nur widerwillig oder gezwungenermaßen entwickeln, sondern aus einer persönlichen Begeisterung für Entwicklungsprozesse heraus. Wenn du so vorgehst, wie es in dieser Strategie beschrieben wird, kannst du aus jedem dieser kleinen Komfortzonenverluste vielfältige Entwicklungsmöglich-keiten herausholen.

Wann immer das Verhalten oder die Worte eines anderen dir Schmerz verursacht (wir sprechen hier nicht von körperlicher Gewalt), gibt es in dir eine alte, ungeheilte

Wunde. Indem du dich auf diese Gefühle von Schmerz, Traurigkeit, Kummer oder Wut einlässt, sie bewusst wahrnimmst und bewusst ausdrückst, können sich diese alten Energien bewegen. Erinnerungen steigen auf. Du erinnerst dich auf einmal, an Situationen, in denen du verletzt wurdest. Und das gibt dir die Möglichkeit, diese alten Wunden jetzt zu heilen.

Hier ein Beispiel aus meiner Kindheit.

Ich durfte als Kind nie reden. Ständig wurde mir der Mund verboten. Andauernd sagte meine Mutter: „Ich will, dass du nie wieder ein Wort über dieses Thema verlierst". Mit der Zeit wurden es so viele Themen, über die ich nicht mehr reden durfte, dass da kaum noch ein Thema übrig blieb. Einmal kam sie herein, als ich vor dem Spiegel stand und mein Haar bürstete. Ich sagte so etwas wie: In diesem Licht glänzt mein Haar ganz toll. Und sie antwortete: „Sei nicht so eitel. Ich verbiete dir, noch mal über dein Haar zu sprechen." Oh Menno!

(Einschub.
Meine Mutter war nicht so ein Biest, wie es hier scheint. Es ist nur so, dass die Kritik der Menschen fast immer auf unsere Qualitäten abzielt. Ich habe das sehr ausführlich in meinem Buch „Der Wendepunkt der Angst" beschrieben und will deswegen hier nur kurz darauf eingehen. Die Menschen haben eine unbewusste Furcht vor unseren Stärken. Deshalb erfahren wir Kritik eigentlich immer dann, wenn wir gerade unsere Stärken und Qualitäten entfalten. Und jede Kritik ist eine verschlüsselte Botschaft, die dir von deiner Qualität erzählt. Und mir wurde die Macht des Wortes gegeben. Eine starke Qualität in mir. Deshalb zielen die meisten Kritiken, die an mir geübt wurden auch darauf ab und waren zumeist Versuche, diese göttliche Gabe zu diskreditieren. Die Menschen um mich herum haben dies aber weder bewusst noch absichtlich getan. Der Mechanismus, Qualitäten in

Fehler umzuinterpretieren läuft grundsätzlich nur unbewusst ab.)

Später, als ich bereits an der Uni studierte, hatte ich oft Probleme wenn andere Menschen mir innerhalb einer Diskussion machtvoll entgegen kamen. Es kam vor, dass ich über eine Sache nur die Wahrheit gesprochen hatte und der andere mir mit Macht entgegenhielt: „Das ist nicht wahr! Ich glaube dir kein Wort!"

In solchen Momenten passierte mit mir immer dasselbe. Ich konnte auf einmal nicht mehr sprechen. Ich war mundtot. Es fühlte sich an, als hätte der andere meiner Kraft den Stöpsel gezogen und meine ganze Kraft war innerhalb von Sekunden durch den Ausguss in den Gulli geflossen.

Solche Situationen sind Gold wert!

Allein in meinem Zimmer im Studentenwohnheim habe ich mich damit befasst, habe tief in diese Momente hinein gefühlt und sie erforscht. Dabei kamen all die Erinnerungen hoch. Ich habe damit gearbeitet und es gelang mir, mich zu befreien. Einmal habe ich eine Flut von Tränen geweint, als ich mit einem Kind in dem Film „Ariel, die kleine Meerjungfrau" war. Ariel hat der bösen Hexe ihre schöne Stimme verpfändet und dafür Beine anstelle ihres Fischschwanzes bekommen. Die Hexe trägt die Stimme in einer Muschel um ihren eigenen Hals und kann deswegen betörend schön singen. In dem Show Down gegen Ende des Films wird ihr die Muschel von Hals gerissen, die Stimme befreit sich, fängt von alleine an zu singen und kehrt zurück zu Ariel. Sturzbäche von Tränen rannen von meinen Augen, als ich das sah. Ich wurde regelrecht davon geschüttelt. Aber irgendwie hat es mir geholfen. All die ungeweinten Tränen meiner Kindheit waren in dem Augenblick zurückgekehrt und mit ihnen meine Stimme.

Es ist immer heilsam, sich auf die Gefühle einzulassen, die eine Situation mit sich bringt. Gewiss, es erfordert auch praktische Maßnahmen. Wir leben schließlich in dieser Welt. Aber sich immer nur um praktische Lösungen zu kümmern ist auch nur eine Flucht.

7 MACHTSPIELCHEN

Leider ist es tatsächlich so, dass in den allermeisten Beziehungen immer wieder Machtspielchen gespielt werden. So unangenehm dies auch ist, es bietet natürlich auch wunderbare Gelegenheiten für ein paar kleinere Komfortzonenverluste. Wenn Er zum Beispiel kurz vor Weihnachten einen Streit vom Zaun bricht und dann das Haus für die Feiertage verlässt, um eine Fahrradtour zu machen, ist das für Sie natürlich der Verlust der Komfortzone „Schöne Weihnachtsfeier im Kreise der Familie". Oder wenn Sie plötzlich in Tränen ausbricht, sich beklagt, er würde sie nicht genügend unterstützen, sich aus der Verantwortung für seine Kinder stehlen und ihn dazu erpresst, mehr Windeln zu wechseln, Fläschchen zu erwärmen, Schmutzwäsche zu waschen, dann ist das für ihn möglicherweise der Verlust der Komfortzone „Freiheit". Natürlich kenne ich solche Machtspielchen auch aus eigener Erfahrung.

Einmal war es einem Mann gelungen, fast, beinahe mein Herz zu erobern. Er war immer so nett und so toll, wenn wir uns sahen oder mit einander telefonierten. Und dann auf einmal war er am Telefon plötzlich ganz anders zu mir, so abweisend und komisch. Er sagte so Dinge wie: „Warum muss ich immer zu dir kommen? Du kannst doch auch mal zu mir kommen?" Er sagte noch ein paar weitere Dinge, die mir völlig merkwürdig vorkamen. Ich bemerkte in dem Telefonat, dass meine Zuneigung für ihn auf einmal komplett verschwunden war, wie ein Feuer, in das jemand einen Eimer Wasser hinein gekippt hat. Ich brauchte zwei Wochen, bis ich verstanden hatte, was da passiert war. Der Mann meinte, er habe nun lange genug an mir herum gebaggert und hätte mich nun an der Angel. Seine plötzliche Kälte war ein Versuch, in mir Beziehungsverlustängste auszulösen und damit eine Bereitschaft in mir zu erzeugen, das Spiel jetzt nach seinen Regeln zu spielen.

Ich habe dasselbe schon öfter erlebt. Da war auch jener Mann, der ab und zu einen Streit vom Zaun brach, mich ins Unrecht setzte, mich dann ein paar Tage einsam schmoren ließ, um mich dann gnädig wieder zurückzuholen, allerdings nur zu seinen Bedingungen.

Ich will hier aber keineswegs den Eindruck erzeugen, nur Männer würden Machtspiele spielen. Das können Frauen nämlich auch. Vor Jahren hatten wir einmal ein Seminar hier im Hause, bei dem auch ein Pärchen im mittleren Alter dabei war. Sie war eine sehr korpulente Frau. Bei einer Übung ging es darum, seine Gefühle tanzend auszudrücken. Die Frau war gerade draußen, als ihr Partner an der Reihe war. Er schnappte sich eine der anwesenden Frauen und tanzte einen Walzer mit ihr, sehr zur Freude der anderen Teilnehmer, die das mit viel Beifall beklatschten. Seine Partnerin kam wieder in den Seminarraum und sah ihn mit einer anderen tanzen. Von dem Augenblick an, gab sie ihm keine Gelegenheit mehr, überhaupt noch einmal in den Seminarraum zurück zu kehren. Sie stimmte ein Eifersuchtsdrama an und saß von da an mit ihm auf dem Sofa im Vorzimmer und erklärte uns, dass sie das miteinander klären müssten.

Sie klärten natürlich gar nichts, sie forderte nur von nun an alle seine Aufmerksamkeit ungeteilt für sich.

Ich könnte hier noch unendlich viele Beispiele beschreiben, aber ich glaube, das ist gar nicht nötig. Wenn du nicht zufällig allein auf einem einsamen Eiland lebst, wirst du das aus eigener Erfahrung kennen. Wo Menschen zusammen kommen, da gibt es auch Machtspiele. Sie machen uns das Leben schwer, aber sie bieten auch Entwicklungschancen. Man kann so viel dabei lernen.

Die Fähigkeit, Wahrheit zu erkennen bzw. Wahrheit offen auszusprechen, kann hier wachsen. (Das kann ich sehr empfehlen. Es ist toll und fühlt sich sehr kraftvoll an, wenn man sich traut, die Wahrheit einfach zu sagen, wo man es für angemessen hält) Es könnte auch das neue Element „Bewusstsein" wachsen. Solche Spielchen kann man nämlich nur mit unbewussten Menschen spielen. Wenn dir jemand Schuldgefühle machen will und dir das Gefühl geben will, deine Arbeit sei unzulänglich und nicht gut genug, dann kannst du dich auch einfach mal ganz ehrlich selber fragen: Ist das womöglich wahr? Frag dich das. Schau dir deine Wahrheit an. Egal, wie sie ausfällt. Die meisten Menschen versuchen sofort, alles weg zu diskutieren. Mach das mal nicht, sondern frage dich ehrlich: Ist es wahr? Was kann denn schon passieren? Es gibt nur zwei Möglichkeiten. Entweder du kommst nach aufrichtiger Prüfung zu der Ansicht, dass die Vorwürfe ungerechtfertigt sind – dann wird dich das sehr stärken. Oder du erkennst, dass du tatsächlich schlampig gearbeitet hast. Auch nicht so schlimm, denn dann kannst du dir vornehmen, es in Zukunft besser zu machen. In dem Fall könnte dein neues Element eine neue Hingabe an deine Aufgabe sein.

Du musst wissen, dass wir Menschen immer Fehler machen, selbst wenn wir noch so hingebungsvoll arbeiten. Aber wenn du weißt, dass du mit ganzem Herzen bei der Sache warst, dann fühlst du dich wegen der Fehler nicht mehr schuldig. Die Schuldgefühle kommen oft auch vom Luschen. Sei keine Lusche, mach es richtig! Luschen haben immer Angst und fühlen sich immer schuldig. Das ist doch kein lebenswertes Leben. Knie dich rein in deine Arbeit, sorge dafür, dass du alles kannst und weißt, was man für deine Arbeit können und wissen muss. Drücke dich nicht davor, diese Dinge zu lernen. Diese innere Haltung kann auch das neue Element sein, das wir aus so einer Situation gewinnen.

Schauen wir uns noch einmal das Beispiel von der eifersüchtigen Seminarteilnehmerin an. Für sie war es ein Komfortzonenverlust, ihren Partner mit einer anderen tanzen zu sehen und noch dazu so fröhlich und unter dem Jubel der anderen Teilnehmer. Sie fühlte sich ausgeschlossen und - dick! Aus dieser kleinen Krise hätte zum Beispiel auch das neue Element „Vertrauen" erwachsen können. Die Möglichkeit dazu war gegeben. Sie konnte dem aber keinen Raum geben. Stattdessen krallte sie sich in ihren Mann und sorgte dafür, dass sie für den Rest des Wochenendes die volle Kontrolle über seinen Aufenthalt besaß. Ich sagte ja schon, es klappt nicht immer mit dem inneren Wachstum. Aber solche Situationen der Eifersucht oder der Verlustangst werden sich mit Gewissheit wiederholen und es liegt immer wieder so eine Chance darin.

Jetzt möchten bestimmt einige sehr interessiert fragen: Aber wie kann denn aus Eifersucht und Verlustangst Vertrauen werden?

Das ist eine sehr interessante Frage und ich möchte gleich darauf zurückkommen. Zunächst würde ich gern noch darüber sprechen, was der Mann aus der Situation an Entwicklung hätte ziehen können. Für ihn war es allerdings sehr viel schwieriger.

Er hätte das Element „Freiheit oder Selbstbestimmtheit" entwickeln können, oder „Mut zur Wahrheit".

In einem Gespräch mit ihr, hätte er zum Beispiel sagen können: „Schau, meine Liebe, du benutzt mich gerade, um deine Verlustängste nicht fühlen zu müssen. Du sagst mir, du brauchst mich jetzt, du bist verletzt und brauchst meinen

114

Trost. Aber zugleich willst du mich damit auch von den anderen fern halten. Ich liebe dich und bin auch gern bereit, dir Trost zu spenden, aber ich möchte auch das Seminar hier machen. Lass uns das Themen auf heute Abend verschieben und jetzt wieder in den Seminarraum gehen".

Und es wäre wohl erforderlich gewesen, dass er sich dann auch wirklich erhebt und wieder in den Seminarraum geht. Dazu hätte er sie dann aber unter Umständen allein in ihrem „Kummer" sitzen lassen müssen. Das ist schwierig! Das kriegen die meisten Menschen einfach nicht hin.

Ich habe das Wort „Kummer" absichtlich in Anführungszeichen gesetzt, weil der Kummer hier ja nur ein Machtspielchen war und sie gar nicht an ihrem echten und eigentlichen Kummer dran war.

Wie kann er das aber wissen?

Das kann man nur fühlen. Und man muss seinem Gefühl auch noch vertrauen. Auch zwei neue Elemente, die man entwickeln kann.

Wir hatten vor einiger Zeit hier einen ähnlichen Fall. Ein junger Mann war zu einem Seminar gekommen und noch am ersten Tag rief seine Partnerin ihn an und verlangte, dass er zurückkommen und sie unterstützen sollte. Der Babysitter war krank geworden.

Nicht nur der Mann selber, sondern wir alle konnten spüren, dass es der jungen Frau nur darum ging, ihren Mann vom Seminar abzuziehen. Er hatte tatsächlich den Mumm, ihr zu sagen, dass er nicht kommen, sondern das Seminar beenden würde. Wir machten ihr aber auch noch einen Vorschlag, wie sie die Situation mit dem Kind lösen konnte. Tatsächlich wohnte eine gemeinsame Bekannte von uns allen ganz in der Nähe. Wir schlugen vor, dass sie diese Frau bat, das Kind zu beaufsichtigen.

Wenn wir so eine Situation für uns nutzen wollen, um einen Entwicklungsschritt zu machen, dann ist es aber auch wichtig, das Spiel zu unterbrechen. Sicher, man kann seinen Entwicklungsschritt sogar trotzdem tun. Du kannst das Spiel spielen und hinterher einen Schritt machen, zumindest einen kleinen Erkenntnisschritt. Aber dabei bleibt dein Partner auf der Strecke.

In einer Beziehung wäre es wünschenswert und auch schön, den anderen in das Wachstum mit einzubeziehen. Nicht nur der Mann kann hier wachsen, sondern auch die Frau. Der Mann kann sich das neue Element „Selbstbestimmtheit" in sein Leben holen. Das ist absolut angemessen. In einer Beziehung zu leben, heißt nicht, dass man fremdbestimmt sein muss. Das wäre ein völlig falscher Kompromiss.

Und die Frau kann – gerade weil er eben nicht nach Haus gekommen ist – in ihre Gefühle hinein spüren, sie erforschen, feststellen, warum es für sie so wichtig ist, ihren Mann an sich zu binden und ihn von anderen zu trennen. Hier geht es um mehr als nur Selbsterkenntnis. Hier liegen doch alte Wunden vor. Heilung dieses alten Schmerzes könne zum Beispiel ein neues Element für sie sein.

Damit sind wir auch schon bei der Beantwortung der Frage: Wie kann aus Eifersucht denn Vertrauen werden?

Jeder, der unter diesem Problem leidet, ist jetzt bestimmt schon ganz neugierig auf die Antwort. Also, es ist möglich. Eifersucht kann zu Vertrauen führen. Da gibt es einen Weg zwischen diesen beiden Zuständen.

Der oder die Eifersüchtige kann sich sein Gefühl einmal genau anschauen. Das Gefühl der Eifersucht ist doch wie eine Art Druck. Dieser Druck bedrängt uns immer mehr und dann drehen wir ganz schnell das Überdruckventil auf. Soll heißen, wir unternehmen schnell etwas, um den Druck zu mindern. Wir rufen unseren Mann an und beordern ihn zurück zu uns. Oder wir machen ihm eine Szene und bringen ihn dazu, den Rest des Seminars mit uns auf dem Sofa zu verbringen. Oder wir brechen einen Streit vom Zaun und bringen unsere Frau dazu, doch nicht zu ihren Freunden zu fahren oder an der Weihnachtsfeier des Sportvereins teilzunehmen. Ist er/sie unter unserer Kontrolle, brauchen wir uns nicht so zu fühlen. Dann ist der Druck abgelassen – bis zum nächsten Mal. Dann ist die Komfortzone wieder hergestellt – vorerst. Wie ich ja zuvor schon sagte, finden keine Entwicklungsschritte innerhalb der Komfortzonen statt. Die Entwicklung ist also hier erfolgreich verhindert worden.

Aber die nächste Gelegenheit lauert schon hinter der nächsten Straßenecke. Es wird wieder passieren. Wir werden diesen Druck wieder fühlen müssen, immer und immer wieder, weil wir das Problem nicht gelöst haben. Den anderen unter Kontrolle zu bekommen, ist wie ein Pflaster, das wir auf eine schwärende Wunde kleben. Die Wunde kann so nicht heilen. Sie braucht unsere Aufmerksamkeit. Und, erinnerst du dich? Ich hatte eingangs geschrieben, dass du es dir einfacher machen kannst und darfst. Die Kontroll-Methode ist nicht einfach. Immer wieder musst du dir etwas einfallen lassen, um ihn oder sie zu binden, immer wieder musst du den Schmerz und den Druck fühlen. Und immer wieder machst du dich kritisierbar mit so einem Verhalten. Und der andere kritisiert dich auch. Das ist hart. Das ist ein schweres, hartes Leben.

Leichter geht es so:

Lasse den Druck einmal zu.

Wenn sich wieder eine Gelegenheit ergibt, wo du dich eifersüchtig fühlst, wo dieser Druck kommt, drehe das Überdruckventil einmal nicht auf und lasse den Druck nicht ab.

Erforsche stattdessen das, was du fühlst. Begib dich an deinen Aggressionsort und drücke diese Gefühle aus. Jammere, schreie, wüte, tobe, pöble, drücke deine Gefühle aus – allein! Bleibe wach dabei. Achte auf Eingebungen und Einsichten. Sobald sich die Energie unserer Gefühle bewegt, können Einsichten geschehen. Achte auch auf Veränderungen im Gefühl. Es kann nämlich sein, dass deine Gefühle sich mehrfach verändern, noch während du sie ausdrückst. Eben warst du vielleicht noch wütend und im nächsten Moment bist du plötzlich traurig. Dann klammere dich nicht an die Wut oder die Vorstellung, dass du doch jetzt hier deine Wut ausdrücken wolltest. Offenbar hast du das ja schon. Gehe gleich dazu über, das nächste Gefühl auch auszudrücken. Und wenn dieses sich verändert, drücke aus, was sich dahinter gezeigt hat. Man schafft es nicht immer, eine solche Gefühlkette an einem Tag auszudrücken. Nicht, dass es so lange dauert, aber es erfordert ein gewisses Standing, mehrfach von einem Gefühl zum nächsten zu gehen. Da kann es passieren, dass du auf einmal gar nichts mehr zu fühlen scheinst. Na gut, dann ist die Übung für heute eben zu Ende. Bei der nächsten Gelegenheit, vielleicht morgen schon, geht es weiter.

Und in dem Bewegen und Ausdrücken deiner Gefühle, werden die Einsichten hochgespült, die du brauchst, um dich zu heilen. Es ist nicht seine oder ihre Aufgabe, dich zu heilen. Dein Partner ist nicht dein Heiler. Deine Heilung ist deine Aufgabe.

Hier mal ein Beispiel.

Eine ältere Klientin verübelte es ihrer Mutter, dass sie sich auf ihre alten Tage noch einen neuen Partner gewählt hatte. Ihr ganzes Denken und Verhalten war zunächst so seltsam und unerklärlich. Warum um alles in der Welt gönnte sie ihrer Mutter diese neue Liebe denn nicht?

Schließlich drückte sie ihre Gefühle bei mir im Seminarraum aus. Sie bekam eine Rohrverkleidung und drosch damit auf die Säule ein, dass es eine wahre Pracht war. Dabei schrie sie und pöbelte, beschuldigte und drohte und ich verstärkte ihre Gefühle für sie, indem ich alles mitmachte, was sie mir vormachte. Ihr Wutausbruch dauerte ganz schön lange, fast eine halbe Stunde. Und als sie dann völlig erschöpft neben der Säule zu Boden sank, sagte sie: „Ich fühle mich so verlassen!"

Das war der Schlüsselsatz. Hinter dem ganzen Zorn und all den Verurteilungen steckte ein kleines Mädchen, welches sich von der Mutter verlassen fühlte und das schon seit 46 Jahren.

Der ganze emotionale Aufwand hatte dieses Gefühl nach oben gespült, so dass sie es wieder wahrnehmen konnte. Da war ihre alte Wunde. Schon in der Kindheit war die Mutter nicht für sie da gewesen, zumindest nicht so, wie sie es gebraucht hätte. Und diese Wunde war niemals geheilt.

Wenn du diesen Punkt gefunden hast, wenn du spüren kannst, was deine alte Wunde ist, dann nimm das Kind in dir liebevoll in den Arm. Gib du die Liebe, die man dir nicht hat geben können. Stelle es dir vor deinem inneren Auge vor, wie du zurückkehrst in deine Kindheit, wie du das Kind in seinem Kummer und Schmerz findest und es auf deinen Arm nimmst. Halte es im Arm und gib so lange und so viel von deiner Liebe, wie hier gebraucht wird. Jede Sekunde, die du das tust, ist eine Sekunde echter Seelenheilung für dich.

Und wenn du genug Liebe in das schwarze Loch in deiner Seele gegeben hast, so viel, dass das Loch ganz aufgefüllt ist, dann bist du nicht mehr eifersüchtig. Die Wunde ist geheilt und du bist frei. Dann wirst du es auch schaffen, darauf zu vertrauen und daran zu glauben, dass dein Partner dir nicht wegläuft. Auch kannst du dann erst deiner Intuition vertrauen. Vorher war deine Intuition von dem alten

Schmerz verbaut. Du hättest gar nicht frei spüren können, was gerade mit deinem Partner ist. Du hättest nur Misstrauen und Angst gespürt. Jetzt aber, wo du frei bist, bist du zugleich auch in der Lage zu erspüren, was mit deinem Partner ist. Und wenn er dich nicht betrügt, weder in seinen Taten noch in seinen Gedanken, dann wirst du das auch genau so spüren.

Der große Komfortzonenverlust durch Eifersucht, beinhaltet also die Möglichkeit zu so schönen neuen Elementen, wie Freiheit, Heilung, Vertrauen und Intuition.

Wir können die Annahme dieses Paketes ablehnen und ein Leben lang immer wieder leiden. Aber wir können die Aufgabe auch einfach annehmen und uns bewusst mit unserer Persönlichkeitsentwicklung befassen. Dazu musst du aber den Schmerz nicht suchen. Laufe dem Leid nicht hinterher. Wenn es dir gerade gut geht, dann genieße das. Vertraue darauf, dass es eine ordnende Kraft gibt, die dafür sorgt, dass du die Verluste von Komfortzonen immer zum genau richtigen Zeitpunkt erlebst und nie mehr als du brauchst. Diese ordnende Kraft ist nicht Gott, sondern ein Teil von dir. Tief in deinem Unbewussten bist du selbst es, die diese Prozesse steuert und einleitet. Und das ist auch gut so. Wie sollte ein anderer, selbst wenn es sich um Gott handelt, die Verantwortung dafür tragen, dir so viel Kummer zu bereiten? Das hält ja keiner aus. Stelle dir mal vor, was für ein Gott das wäre, der dir andauernd Sachen wegnimmt, damit du wieder mal einen schönen Komfortzonenverlust für deine Entwicklung bekommst. Könntest du dir vorstellen, so etwas mit deinen Kindern zu tun? So grausam sind Eltern nicht. Und so grausam ist Gott auch nicht. Es gibt nur eine Instanz, die fähig ist zu verantworten, was dir zugemutet werden kann und wann das stattfinden sollte. Und diese Instanz bist du. Leider triffst du diese Entscheidungen nicht bewusst. Das findet irgendwo in den Tiefen deiner Seele statt. Und es ist immer, wirklich absolut immer zu deinem Wohl. Leider ist unsere bewusste Reaktion darauf das nicht immer. Wir Menschen bringen es ja fertig, sogar andauernd, Dinge zu tun, die nicht unserem Wohl dienen.

Und damit meine ich nicht nur so Dinge wie rauchen, Drogen nehmen, Alkohol trinken und ungesunde Nahrung zu uns nehmen.

Nein, wir machen das ja überall auf allen Ebenen. Wir arbeiten zuviel oder zu wenig. Wir lassen uns von unsren Vorgesetzten unter Druck setzen, wir verbringen unser Leben an einem Arbeitsplatz, der uns Angst macht. Wir lassen uns von anderen fremdbestimmen, lassen andere entscheiden, welche Lehre wir machen, lassen zu, dass wir in unserer Lehre gar nichts lernen, bleiben in Beziehungen, wo wir erniedrigt und verletzt werden, lassen uns beschimpfen oder verächtlich behandeln. Wir tun so vieles, was nicht unserem Wohl dient. Und alles das sind Baustellen für die Entwicklung unserer Persönlichkeit. Wenn du viele davon hast, Hurra! Da liegen noch viele Schätze für dich begraben.

8 RESPEKT

Hört das denn niemals auf? Möchte vielleicht jemand entsetzt fragen. Und die Antwort lautet: Oh doch, das hört definitiv auf.

Denn Entwicklung bedeutet, dass du nicht auf der Stelle trittst, sondern vorankommst. Du wächst ja dabei. Deine Stärke wächst, dein Mut wächst, deine innere Autorität wächst, deine Entspannung auch in schwierigen Situationen, deine Liebe, deine Kraft, deine innere Macht, deine Fähigkeit, klar zu sagen, was du willst und was du nicht willst. Irgendwann bist du einfach nicht mehr der Mensch, mit dem die anderen so etwas machen. Mir begegnen fast alle Menschen – auch Fremde – mit Respekt, obwohl ich fast immer nur fröhlich und freundlich bin. Ich will damit sagen, ich benehme mich nicht unterschwellig bedrohlich, so dass sie sich nicht mehr trauen, etwas zu sagen. Ganz und gar nicht. Mein Kernwesenszug ist Fröhlichkeit. Ich lache einfach gern und gewinne den meisten Situationen etwas Heiteres ab. Ich bin auch gern albern und mache Witze, eigentlich sollte man meinen, dass mich keiner ernst nehmen kann. Aber so ist es nicht. Ich werde allenthalben ernst genommen und – wie schon gesagt – auch respektiert. Was ich bin, strahlt von mir aus, auch wenn ich herum albere. Du bist, was du bist. Das heißt, du musst nicht andauernd bekunden, wer du bist. Du musst nicht jeden darauf hinweisen, dass du respektiert werden willst. Es ist ein wenig schwer zu verstehen.

Wenn wir Menschen mit jedem seelischen Entwicklungsschritt auch ein wenig körperlich wachsen würden, dann wäre es ja ganz klar und einfach. Dann könnten wir bei den anderen an ihrer Größe erkennen, wer sie sind. Und wenn wir dann auf einmal einem 20 Meter Riesen gegenüber stehen, dann hüten wir uns natürlich, den mit dummen Kommentaren zu reizen oder mit Kritik herauszufordern.

Aber leider ist es nicht so. Wir wachsen äußerlich nicht mit und trotzdem entsteht genau der gleiche Effekt. Vermutlich ist es so, dass unsere Seelen den Riesen oder den Zwerg erkennen können auf einer Ebene, die uns eher unbewusst ist. Das würde erklären, wieso die Menschen dich immer mehr respektieren werden, je weiter du dich entwickelst, obwohl sie von deiner Entwicklung ja überhaupt nichts wissen.

Übrigens lässt das auch den Umkehrschluss zu: Sie merken es auch, wenn du noch nicht entwickelt bist.

Ich habe es bei meinen Klienten oft erlebt, dass die Ehefrauen sich zeternd und zürnend an ihre Männer gewendet haben und sie anfauchten: „Du sollst mich respektieren! Nie respektierst du mich!"

Also, so funktioniert das Spiel nicht.

Wir können das nicht einfach einfordern. Wenn du respektiert werden willst, dann musst du jene Eigenschaften in dir entwickeln, die dich respektwürdig machen. Ist das noch nicht vollzogen, erkennt man es hauptsächlich daran, dass man eben nicht respektiert wird. Und das kann auch ein Komfortzonenverlust sein.

Wenn du dich von deinem Mann oder deiner Frau nicht respektiert fühlst und das schlimm genug ist, um für dich einen Komfortzonenverlust darzustellen, dann will auch hier ein neues Element in dein Leben. Wie könnte das zum Beispiel aussehen?

Hier ein Beispiel:

Eine Klientin fühlte sich von ihrem Mann nicht respektiert. Das ging so weit, dass sie schließlich ihren Mann dazu erpresste, eine Sitzung bei mir zu nehmen. In dieser Sitzung berichtete der Mann mir, wie sehr ihm seine Frau täglich zusetzte. Sie mischte sich in alles ein, machte ihm überall Vorschriften. Deshalb flüchtete er sich vor ihr täglich in seine Stammkneipe. Dort trank er seine täglichen zwei bis drei Biere und auch zwei bis drei Schnäpse. Die Frau wertete das als Respektlosigkeit ihr gegenüber. Um ihnen beiden zu helfen, machten wir dann eine gemeinsame Sitzung, in der beide einige intensive Einsichten bekamen. Das neue Element für die Frau bestand darin, ihren eigenen Respekt zu begreifen und zu entfalten. Ihr eigener Respekt vor ihrem Mann, war eine unterentwickelte Pflanze, die Nährstoffe brauchte. Ihm alles vorzuschreiben und sich in all seine Angelegenheiten einzumischen, zeigt ja, dass sie keinerlei Respekt vor ihm und seinem Willen hatte. Sie schaffte diesen Schritt und entwickelte ihren Respekt tatsächlich und das veränderte die ganze Situation. So etwas dauert natürlich eine Weile, aber nach etwa drei Monaten hatte sich in der Ehe der beiden so einiges gewandelt. Hier war es also das, was sie zu bekommen wünschte, was sie in sich entfalten musste.

Es kann aber auch ganz anders aussehen. Hier ein anderes Beispiel auch aus einer Ehe.

Auch hier beklagte die Frau, dass ihr Mann sie nicht respektiere. Aber hier lag die Situation völlig anders. In der Sitzung stellte es sich heraus, dass diese Ehefrau sich selbst quasi zur Dienstmagd ihres Mannes degradiert hatte. Mit permanent erschöpftem Gesichtsausdruck wuselte sie ständig um ihn herum, um ihn zu bedienen. Sie kochte, putzte, buk, schrubbte, scheuerte, wusch die Wäsche, bügelte seine Unterwäsche und alle anderen Sachen natürlich auch – obwohl sie berufstätig war. Ihr neues Element war Selbstrespekt.

Sie hatte in den Jahren ihrer Ehe all ihre eigenen Bedürfnisse ignoriert und sozusagen ihre eigenen Grenzen selbst überschritten. Wer sich selbst nicht ernst nimmt, wird auch von anderen nicht ernst genommen. Wer sich selbst nicht respektiert, wird dies auch nicht von anderen.

Aber wie ändert man das? Wie kommt man zu mehr Selbstrespekt? Du kannst dem Impuls folgen, der in der Krise auftaucht. Für diese Frau war es so: Sie fühlte sich permanent von ihrem Mann ignoriert und nicht respektiert. Schließlich wuchs in ihr der Impuls, es ihm einfach mal gleich zu tun und auch einfach das zu machen, was sie wollte, statt immer nur das zu tun, was getan werden musste. Und schließlich begann sie, das auch in die Tat umzusetzen. Sie begann, sich mit Freundinnen zu treffen, statt zu bügeln. Sie besuchte Seminare und Gruppen, statt zu backen. Sie ging ins Kino, statt zu putzen. Anfangs tat sie das nur, um ihn zu ärgern. Es funktionierte allerdings nicht, weil es ihn überhaupt nicht ärgerte. Er hatte nie verlangt, dass sie sich selber in der Ehe versklaven sollte. Es gefiel ihm, dass seine Frau endlich auch mal etwas Spaß hatte. Das setzte dem Fass die Krone auf! Sie ärgerte sich wie wild darüber, dass er gar nicht wütend wurde und wertete das zunächst als weitere Respektlosigkeit. „Ich bin ihm völlig egal", klagte sie. Aber am Ende fruchtete es doch. Sie schaffte es zu erkennen, dass sie nur ins Kino gegangen war, um ihm eins auszuwischen und nicht, um sich selbst etwas Gutes zu tun. Und damit begann ein neuer Weg. Sie fing an, sich endlich auf sich selbst zu besinnen, anstatt wie ein Satellit ihren Mann zu umkreisen und überlegte sich Dinge, die ihr wirklich Freude bereiteten. Jetzt ging sie für sich selbst ins Kino, weil sie Spaß haben wollte. Ist das nicht ein tolles, neues Element?

Und, indem sie sich selbst etwas Gutes tat, sich auf sich selbst bezog und für sich sorgte, wuchs auch ihr Selbstrespekt.

Das Wachsen vollzieht sich meistens von alleine. Es ist mehr so, als müssten wir durch eine Einsicht, eine Tat oder ein Ereignis erst die Tür dafür öffnen.

9 WIE VOLLZIEHT SICH DAS WACHSTUM IN UNS?

Ich glaube das wird am einfachsten durch Beispiele deutlich. Hier mal das erste dieser Beispiele:

Eine Klientin von mir hat einen Laden. Sie führt ihr Geschäft sehr gut, aber es fordert ihr auch sehr vieles ab. Sie verbringt sehr viele Stunden des Tages in ihrem Geschäft natürlich auch vor und nach Ladenschluss. Als sie zu mir kam, da war eigentlich ihr ganzes Leben dem Geschäft gewidmet. Sie kannte gar keine anderen Gedanken. Als allein stehende Frau gab es auch sonst nichts weiter, worum sie sich groß hätte kümmern müssen, also nahm der Laden so einen großen Raum in ihrem Leben ein. Aber irgendwann begann sie doch, sich einsam zu fühlen. Bislang hatte sie solche Gefühle einfach verdrängt, indem sie sich zum Beispiel eine neue Schaufensterdekoration überlegte oder Pläne für den Laden schmiedete. Zu diesem Zeitpunkt hatte sie bereits den Verlust einer Komfortzone (Zufriedenheit) erlitten, versuchte es aber noch zu ignorieren. Schließlich wurde es aber immer schwerer zu ignorieren, was so präsent war und sie rutschte in ihre Krise hinein. Es wurde eine schlimme Krise, denn sie hatte nur den Laden, sonst gab es nichts Besonderes oder Schönes in ihrem Leben. Einzusehen, dass der Laden allein nicht genug ist, war sehr schwer für sie und mit Zukunftsängsten verbunden. Es kam noch etwas hinzu.

Während sie sich immer in die Arbeit geflüchtet hatte, war in ihr der Glaube gewachsen, dass diese ganze Arbeit auch nötig sei, um das Geschäft erfolgreich führen zu können. „Ich hab doch gar keine Zeit, irgendwo hinzugehen oder Leute zu treffen. Ich muss doch arbeiten, " sagte sie zu mir. Das war sozusagen eine Zwickmühle.

Einerseits flüchtete sie sich in Arbeit, um ihren Schmerz nicht fühlen zu müssen, andererseits glaubte sie, ohne die viele Arbeit nicht existieren zu können. Zwei machtvolle Kräfte in ihrem Innern, die sie beide in die Arbeit schoben. Wie soll da ein neues Element durchkommen können?

Das neue Element hieß in diesem Fall ganz einfach Freizeit bzw. Freizeitgestaltung. Sie riskierte es dann schließlich, sich ein ganz klein wenig Freizeit einzuräumen, indem sie mal eine Kundin, die ihr besonders sympathisch war, zum Kaffee einlud. Es fiel ihr richtig schwer, das auszuhalten, so erzählte sie mir später. Während die beiden Frauen zusammen im Kaffee saßen, wanderten ihre Gedanken immer wieder in den Laden. „Läuft auch alles gut? Gibt es Probleme? Kommen die Angestellten alleine zurecht?"

Aber siehe da, die Angestellten kamen bestens alleine zurecht. Zumindest entstanden keine Probleme, die nicht leicht auszubügeln waren. Das ermutigte die Frau, es wieder zu riskieren. Und mit der Zeit konnte sie ihre Ausflüge ins Privatleben richtig genießen und Spaß daran haben. Inzwischen hat sie sich einen Freundeskreis aufgebaut, unternimmt auch ab und zu kleine Wochenendreisen in andere Städte, besucht gelegentlich Seminare und andere Veranstaltungen und hat dadurch die emotionale Leere gefüllt, die es in ihrer Seele gegeben hatte. Ihr Freundeskreis gibt ihr sehr viel und es gibt ihr auch sehr viel, sich um ihre Freunde zu kümmern. Der Ast, der am Baum ihrer Seele neu gewachsen ist, heißt „soziales Leben". Sie hat sich also um einen ganzen Freundeskreis erweitert und zwar mit allen dazu gehörigen Implikationen. Denn Freunde sind ja nicht nur etwas, das man hat. Freundschaften müssen gepflegt werden, Menschen wollen gesehen, verstanden und respektiert werden, auftauchende Konflikte wollen gemeistert werden. Dazu gehören jede Menge Fähigkeiten und Qualitäten, die alle entwickelt werden wollen. Sie sind dann sozusagen die ganzen Blätter an dem neuen Ast. Ein schönes Wachstum!

Hier ein zweites Beispiel.

Manchmal drängt der kleine Keim schon so stark, dass das Wachstum sich geradezu explosionsartig vollzieht.

Eine junge Klientin von mir hatte sich in einige seltsame Glaubensmuster verrannt. Es gibt doch dieses Phänomen bei Jugendlichen, dass sie eine Weile lang alles ablehnen und immer dagegen sind. Normalerweise ist das nur eine Phase, aber diese Klientin war in dieser Phase irgendwie stecken geblieben. Es gab so viele Dinge, die sie ablehnte, dass nicht mehr viel übrig blieb, mit dem man noch ein schönes Leben hätte führen können. Natürlich war diese Frau auch einsam, weil sie an den Männern so viele Eigenschaften ablehnte, dass da gar keine Beziehungen möglich waren.

In unserer Sitzung gelang es der Klientin, dieses Muster an einer Stelle zu durchbrechen. Dabei ging es nur darum, dass es doch nicht falsch und ablehnenswert ist, sich als Frau schön zurecht zu machen. Sie lehnte ja noch vieles mehr ab, aber in der Sitzung schaffte sie es, diesen Punkt zu knacken. Ihr wurde klar, dass es eigentlich doch völlig in Ordnung ist, eine Frau zu sein, sich schön zu machen und sich selbst zu genießen. Diese Einsicht ist ja schon ein Türöffner ins Leben, aber sie wirkte sich für die Klientin wie eine Kettenreaktion aus. Bamm! Bamm! Bamm! Sprengte sich eine Ablehnung nach der anderen plötzlich selbst in die Luft und die Frau war wie eine Freigelassene. Sie kaufte oder nähte sich ein sexy Outfit nach dem anderen, ging in die Disco zum Tanzen, flirtete, feierte, lernte endlich ein paar Vertreter des anderen Geschlechtes näher kennen. Fand völlig neue Freunde und beteiligte sich an völlig neuen Freizeitaktivitäten. Alles Dinge, die sie früher heftig abgelehnt hatte. Für sie war es so, als hätte sie ihrem inneren Baum bisher nur einen einzigen Ast zugestanden und den auch nur strickt beschnitten. Und nun konnte auf einmal die ganze Baumkrone nachwachsen.

Beide Beispiele zeigen auch, dass inneres Wachstum immer auch äußeres Wachstum mit sich bringt. Wir haben Freunde, wenn der Freundesast an unserem inneren Baum gewachsen ist. Wir haben Freizeit, wenn der Freizeitast an unserem inneren Baum gewachsen ist. Bist du in der Lage, es zuzulassen, wird es auch zu dir kommen.

10 SELBSTBETRACHTUNG

Sehr, sehr hilfreich für dein eigenes Wachstum ist die Fähigkeit zur Selbstbetrachtung. Sich selbst ehrlich sehen können, ist natürlich nicht dasselbe, wie immer nur an sich denken. Es gibt ja Menschen, die sind immer nur mit sich beschäftigt, die ganze Zeit. Und trotzdem haben sie gar keine Fähigkeit, sich selbst wirklich und ehrlich zu sehen. Ich habe Menschen erlebt, die waren richtig harte Knochen, hielten sich aber für besonders liebevoll. Ich habe auch Menschen erlebt, die sich für sehr weit entwickelt hielten, aber in Wahrheit blutige Anfänger waren. Na und ganz zu schweigen von jenen, die sich selbst für weise halten und dann jedem mit ihren Ratschlägen auf den Wecker fallen. Wirklich weise Menschen geben gar keine Ratschläge, sondern verhelfen dem anderen dazu, seine Lösungen selbst zu entdecken.

Wenn die Selbstwahrnehmung eines Menschen derartig weit von dem abweicht, was andere in ihm sehen oder mit ihm erleben, dann fehlt es halt an der Fähigkeit zur Introspektion, zur Selbstbetrachtung.

Okay und wie entwickeln wir die?

Ich empfehle, sich für den Anfang nur ein einziges Thema vorzunehmen. Die Selbstbetrachtung könnte sonst vielleicht zu erschreckend sein. Nicht, dass du so daneben bist.

Bestimmt bist du das nicht. Aber hier besteht ja die große Gefahr, dass wir es nicht schaffen, uns selbst kritiklos anzuschauen. Wir könnten uns womöglich verurteilen für das, was wir sehen. Darin liegt überhaupt kein Segen. Niemandem ist geholfen, wenn du dich selbst kritisierst oder verurteilst. Du kannst dich auch so anschauen, wie dich vielleicht ein Außerirdischer sehen würde, der mit unseren menschlichen Werten und Normen nichts am Hut hat. Für den wäre alles, was er sieht, einfach nur ein interessantes Phänomen. Kriegst du das hin, dich selbst so zu betrachten? Dann nimm dir ein Thema vor, vielleicht deinen Umgang mit anderen Menschen, oder dein Kommunikationsverhalten oder deinen Umgang mit deiner Beziehung, mit der Liebe, mit dir selbst, was immer dir gerade besonders spannend erscheint. Als nächstes suche mindestens ein Beispiel aus. Wenn du zum Beispiel dein Kommunikationsverhalten betrachten willst, erinnere dich an das letzte Mal, wo du in einer Gruppe warst und kommuniziert hast. Schau hin, wie hast du geredet? Wie viel hast du geredet? Oder wie wenig? Hast du die anderen ausreden lassen? Hast du unterbrochen? Hast du das Thema an dich gerissen? Hast du zustimmend genickt, obwohl der andere völligen Mist erzählt hat? Hast du gelächelt, obwohl du total abgetörnt warst?

Hast du immer wieder das Thema gewechselt? Hast du andere zu Wort kommen lassen? Erinnerst du dich noch, was sie gesagt haben? Hast du sie ernst genommen? Hast du sie insgeheim für Idioten gehalten? Hast du Ironie und Sarkasmus benutzt? Hast du dem anderen eine echte Chance gegeben, seine Ansicht zu erklären? Hast du zugelassen, dass man dir keine Chance gibt? Hast du heimliche Ängste gehabt im Gespräch? Hast du dich verletzt gefühlt von den Dingen, die die anderen gesagt haben? Oder hast du dich insgeheim verletzt gefühlt von der Art, wie sie es gesagt haben? Hast du das zum Ausdruck gebracht? Hast du dich ins Gespräch eingebracht?

So viele mögliche Fragen, die du dir stellen kannst. Aber, wenn du dich ernsthaft daran machen willst, sie zu beantworten, dann achte darauf, dass du dich nicht rechtfertigst. Wer sich rechtfertigt, will nur beschönigen. Hier geht es ja nicht darum, irgendein mögliches Fehlverhalten zu erklären oder zu beschönigen. Das ist ja gar nicht notwendig. Bei der Introspektion geht es nur darum, es zu SEHEN, mehr nicht. Nur hinschauen und zur Kenntnis nehmen, erst mal jedenfalls.

Und nun ist folgendes wichtig:

Wenn du hier „Fehler" in deinem Kommunikationsverhalten entdeckt hast, dann geht es NICHT darum, diese Fehler zu berichtigen. So kann man sich nicht entwickeln. So funktioniert es nicht. Das gehört wieder in die Kategorie von „es sich zu schwer machen".

Ich erinnere mich an jemanden, der ist in unser Gespräch hinein geplatzt, hat es an sich gerissen und es dann zerfasert. Eine Frau, sie kam in den Raum, grapschte sich das Gespräch und dominierte es sofort. Dann wechselte sie sofort das Thema und zwar wieder und wieder. Wir anderen hatten so keine Möglichkeit mehr, ein gutes Gespräch zu führen. Es war ein stressiges Gehüpfe von Thema zu Thema. Und jedes Mal wechselte sie es wieder, sobald sie ihre Sache gesagt hatte. Nehmen wir uns diese Frau einmal als Beispiel. Wir stellen uns vor, sie hat sich all die obigen Fragen gestellt – und sie auch beantwortet (es bringt nämlich nur etwas, wenn du dir die Fragen auch beantwortest und das am besten laut). Nun hat sie also bemerkt, was sie im Gespräch macht. Der übliche und völlig falsche Weg wäre es nun, wenn sie sich ganz fest vornimmt, das nicht wieder zu tun. Beim nächsten Gespräch tut sie sich ernsthaft Zwang an, hält die Klappe, zwingt sich, den anderen zuzuhören und ihnen genug Gelegenheit zu geben, sich auch auszudrücken. Damit wäre niemandem gedient. Die Frau würde sich merkwürdig und seltsam für die anderen anfühlen, irgendwie stressig. Und sie selber hätte ja gar nichts von so einem Gespräch. Sie wäre ja so beschäftigt damit, sich selbst den Mund zu verbieten. Die anderen Gesprächspartner würden mehr oder weniger bewusst mitbekommen, dass die Frau nicht wirklich an dem interessiert ist, was sie ihnen erzählen. Wozu dann überhaupt reden? Nein, so geht das wirklich nicht.

Viel interessanter ist es doch, wenn die Frau sich die Frage stellt (und auch beantwortet), was bringt mich dazu, mich so zu verhalten? Worauf reagiere ich? Es gibt hier irgendein unbewusstes Bedürfnis, auf das sie mit ihrem Verhalten reagiert. (Du kannst dich das gleiche fragen: Worauf reagierst du? Was für ein Bedürfnis steuert dich?) Vielleicht lautet ihre Antwort: Ich habe ein starkes Bedürfnis nach Aufmerksamkeit. Ich reagiere auf mein eigenes Bedürfnis ganz unbewusst, indem ich die Aufmerksamkeit der anderen Gesprächsteilnehmer an mich ziehe. Ich wechsle schnell die Themen, damit ich wieder zu Wort komme und sie nicht. (In welcher finsteren Ecke unseres eigenen inneren Verurteilungskerkers würden wir landen, wenn wir dies mit Schuld- und Kritikbewusstsein betrachten?)

Dabei gibt es eine so viel bessere Weise, sich das anzuschauen, denn wir haben hier jetzt etwas entdeckt, das wir schon kennen: Hier lauert ein kleiner Komfortzonenverlust. Wenn sie nicht so viel Aufmerksamkeit bekommt, wie sie braucht, also wenn zum Beispiel die Aufmerksamkeit der anderen Gesprächsteilnehmer auch mal auf einem der ihren ruht, dann erlebt sie das als Verlust der Komfortzone „Rampenlicht". Es entsteht eine kleine Krise, wahrscheinlich nur ein Gefühl der Unruhe und des Unwohlseins. Klein genug, um sich am Bewusstsein vorbei zu schmuggeln, aber groß genug, um sie zum Reagieren zu veranlassen. Wenn du auch so etwas bei dir entdeckt hast, dann springe doch ruhig mal in dieses Loch hinein. Was fühlst du darin? Was für ein

Schmerz lauert da? Nimm das kleine Mädchen oder den kleinen Jungen in den Arm, der da zu wenig Aufmerksamkeit bekommen hat und gib du sie ihm. Heile das. Und dann kann das neue Element auch kommen. Hier habe ich einen Vorschlag, wenn es sich um das Thema Aufmerksamkeit handeln soll. Die tollste Aufmerksamkeit ist die, die du selber praktizierst.

Wenn ich mit Menschen spreche, dann bin ich immer absolut aufmerksam auf alles, was gesagt wird und auf die Menschen, die es sagen. Nicht wie in der Schule natürlich. Ich spreche hier nicht von der künstlichen, aufgezwungenen Aufmerksamkeit, mit der wir uns fast schon verzweifelt der Tafel zuwandten, um uns vor der gähnenden Langeweile im Unterricht zu schützen.

Ich meine die ganz natürliche Aufmerksamkeit, mit der wir uns immer auf alles richten, was uns tatsächlich interessiert. Die kennst du. Die hast du drauf. Sie ist ein Teil deines Wesens. Diese Aufmerksamkeit kannst du überall benutzen. Das führt dazu, dass du das meiste von dem, was gesprochen wird, im Kopf behältst, ohne es dir zu merken. Es bleibt einfach hängen, ohne jede Anstrengung. Diese Aufmerksamkeit zu benutzen, gibt Kraft. Dabei verlieren wir nichts, aber wir bekommen viel.

Klar gibt es Aufmerksamkeitsdiebe. Wenn wir so jemandem in die Hände fallen, fühlen wir uns anschließend wie gerädert. Kürzlich berichtete mir eine Freundin, dass sie nach einem Gespräch ganz plötzlich so erschöpft war, dass sie im Auto ihren Kopf nicht mehr oben halten konnte. Zum Glück war sie nicht die Fahrerin.

Aber, wenn so etwas passiert, dann ist das ja auch wieder der Verlust einer Komfortzone und wieder haben wir die Chance zu wachsen und ein neues Element zu bekommen. Wie immer könnte das alles Mögliche sein. Aber es könnte auch die Fähigkeit sein, zu beobachten. Und ein Mehr an

Bewusstsein dessen, was mit dir passiert und zwar gleich dann, wenn es passiert. Wenn dein Bewusstsein dafür, was hier und jetzt gerade mit dir passiert, gewachsen ist, dann merkst du es in Zukunft ganz schnell, wenn du es mit einem Aufmerksamkeitsdieb zu tun hast und du kannst sofort Maßnahmen einleiten, um dich zu schützen. Du kannst zum Beispiel das Gespräch unauffällig abbrechen: Aufstehen, in die Hände klatschen: „Tja ihr Lieben, ich muss dann mal weiter…"

Oder du kannst das Gespräch anders beenden: „Tja, nun da hier ja eh keiner mehr zu Wort kommt, werd ich dann mal gehen."

Oder: „Irgendwie langweile ich mich gerade. Ich denke, ich werde dann mal gehen."

Oder auch dies hier geht: „Liebe xy, entschuldige, dass ich das hier einfach so sage, aber bemerkst du, wie du unser Gespräch an dich gezogen hast und unsere Aufmerksamkeit als Geisel nimmst?" Diese letzte Variante aber nur, wenn du bereit bist, darüber zu reden um der anderen Person ehrlich da heraus zu helfen. Es gibt nämlich keinen Grund, Menschen zu verletzen, nur weil man sich irgendwie angepikst fühlt.

Aber das nur am Rande. Wir sind ja immer noch beim Thema Introspektion. Vielleicht hast du dir die Fragen weiter oben alle gestellt und bist zu völlig anderen Antworten gelangt. Eine Bekannte von mir spricht nur sehr wenig in Gruppen. Sie fühlt sich immer ausgegrenzt, hat den Eindruck, es will ihr sowieso keiner zuhören und ihre Beiträge seien unwichtig.

Für sie ist das Gespräch selbst bereits der Verlust einer Komfortzone. Im Gespräch fühlt sie sich unwichtig, unzulänglich und ungewollt. Da wird ihr jedes Mal die Komfortzone „Mit sich selbst zufrieden sein" entrissen.

Genau genommen ist diese Komfortzone ohnehin eine Illusion. Sie ist nie mit sich selbst zufrieden, aber wenn sie alleine ist, dann fühlt sie das nicht so deutlich. Auch sie kann sich die Frage stellen: Worauf in mir selbst reagiere ich, wenn ich einfach schweige, mich also dem Gespräch verweigere?

Und ihre Antwort könnte lauten: Ich reagiere auf den Schmerz, den es mir verursacht, wenn ich unterbrochen werde, wenn die anderen meinen Beitrag überhaupt nicht ernst nehmen, zu anderen Themen übergehen und mich übergehen, als hätte ich nichts gesagt.

Es ist nicht wirklich so, dass die anderen sie nicht zu schätzen wissen, aber das spielt hier gar keine Rolle. Entscheidend ist der Schmerz. Gruppengespräche verursachen ihr Schmerzen. Auch sie könnte in den Schmerz hinein springen, ihn erforschen, ausdrücken, ihn bewegen und dabei auf die Einsichten achten, die in ihr hochkommen, sobald sie diese Energien bewegt, statt sich nur von ihnen abzuwenden. Sich immer abzuwenden, den Schmerz immer zu ignorieren, das kostet so viel kostbare Lebenskraft. Sich ihm zu widmen wird auch ein wenig Kraft kosten, aber es wird recht schnell gehen und danach kann alles anders sein. Auch sie kann zu dem kleinen Mädchen in ihrer Seele reisen, das zu wenig Wertschätzung erfahren hat und ihr ganz viel davon geben. Und ein mögliches neues Element könnte hier sein, die Fähigkeit, sich selbst zu wertschätzen oder Selbstrespekt.

Mir passiert es auch, dass andere mir ins Wort fallen. Ich habe auch ab und zu mit Menschen zu tun, die so tief in ihrem eigenen Film sind, dass sie mich und was ich gerade gesagt habe oder eben sagen wollte, überhaupt nicht hören. Denken wir nur an die Frau aus dem oberen Beispiel, die immer das Gespräch an sich gezogen hat. Sie war ja so tief in ihrem Muster, dass sie sich doch überhaupt nicht dafür interessiert hat, wer ich bin und was ich sagen will.

Da wir ja als Mensch unter Menschen leben, haben wir alle immer wieder mit Menschen zu tun, die uns gar nicht sehen. Aber ich beziehe das nicht auf mich. Was hat das mit mir zu tun, wenn xy nicht zuhören kann? Was hat das mit mir zu tun, wenn xy in seinem Film feststeckt?

Wenn du einen gesunden Selbstrespekt hast und eine gesunde Wertschätzung deiner eigenen Person, dann wirst du nicht jedes Fehlverhalten der anderen auf dich beziehen und als Aussage werten, die sie eben über dich gemacht haben. Lassen wir die Probleme doch ruhig bei denen, zu denen sie auch gehören. Aber okay, eines hat es doch mit uns zu tun. Das müssen wir auch mal ins Auge fassen. Wenn ich ständig nur von solchen Menschen umgeben bin, die mich nicht sehen, mir nicht zuhören, sich nur für sich selbst aber nicht für mich interessieren, dann umgebe ich mich wohl mit den falschen Leuten. Und das basiert dann auf einer meiner inneren Entscheidungen.

Du kannst dich selbst ehrlich betrachten und jedes Mal wird das zu einer Fundgrube für inneres Wachstum. Wenn dich zum Beispiel jemand übel kritisiert, dann hast du bestimmt, wie jeder andere Mensch auch, den Impuls, dich dagegen zu wehren, dich vielleicht zu rechtfertigen, deutlich zu machen, dass du nicht so bist, wie er/sie dich darstellt. Du kannst dich aber auch gemütlich hinsetzen und dir die Frage stellen: Ist das etwa wahr?

Achtung, auch hier lauert wieder die Schuld und Selbstkritik. Es geht nicht darum, dich selbst schuldig zu sprechen oder dir Fehler nachzuweisen. Es geht um Wahrheit. Ist es wahr?

Ich bin einst erleuchtet worden, als ich mir genau diese Frage stellte.

Eben rief mich eine Frau an, deren Partner sich von ihr getrennt hat, angeblich weil ihre spirituellen Bemühungen der reine Schwachsinn seien. Er nannte sie eine fette

Wachtel, die niemand mehr braucht. Die Arme! Wenn sie ihre Tränen getrocknet hat, dann kann sie sich die Frage doch mal stellen. Lass uns gemeinsam hinschauen, was da herauskommen kann.

Ist es wahr, dass ich jemand bin, den niemand mehr braucht?

Sie wird sehr schnell entdecken, dass das nicht stimmen kann, denn da ist ihre Familie, die um sie ist und zu ihr hält. Da sind die Freundinnen, die sie oft anrufen und besuchen, die mit ihr zusammen Ausflüge machen, Vorträge besuchen und Seminare belegen. Sie würde sehr schnell sehen – und zwar durch simples Hinschauen und Beobachten, ohne zu interpretieren, dass sie eine Frau mit einem intakten Sozialleben ist – von dem Ausrutscher mit jenem Kerl mal abgesehen. Dass keiner sie mehr braucht, ist also nicht die Wahrheit.

Nächste Frage: Ist es wahr, bin ich fett?

Da diese Dame schon sechzig Jahre alt ist, ist sie in der Tat etwas beleibter, aber nur in dem Maße, wie das bei fast allen Älteren der Fall ist. Größe 38 in der Jugend und 44 im Alter. Das ist nun wirklich normal. Der Körper leiert im Alter aus, das Bindegewebe gibt nach, der Stoffwechsel verbrennt nicht mehr so schnell und der Körper kann auch kein hartes Training mehr vertragen. Da wird man eben etwas dicker. Aber eine fette Wachtel ist man erst ab einem Übergewicht von 30 Kilo. Das trifft auf sie nicht zu. Das ist also auch nicht wahr. Bleibt noch die letzte Frage: Ist es wahr? Sind meine spirituellen Interessen Schwachsinn?

Um diese Frage wahr zu beantworten, müssen wir uns die Wirkung dieser spirituellen Interessen anschauen. Was macht das mit ihr? Macht es sie klüger, stärker, weiser, glücklicher, sozialer, mutiger? Stärkt es ihren Selbstrespekt, ihr Bewusstsein, ihre Bindungsfähigkeit, ihre Resilienz?

Oder verlässt sie eher den Boden der Realität, igelt sich in Scheinwelten ein, spinnt andere Leute mit Esokram voll, bevormundet und missioniert sie sich durch ihren Freundeskreis? Trennen ihre Interessen sie eher von den Menschen oder führen sie zu mehr sozialen Bindungen? Ängstigt sie ihre Mitmenschen damit? Kann sie nicht aufhören, darüber zu reden?

Ohne Ehrlichkeit kann diese Betrachtung nicht zu Ergebnissen führen. Es ist nämlich wirklich beides möglich. Es gibt Menschen, die flüchten sich in Scheinwelten voller Feen und Engelchen und isolieren sich dadurch. Und es gibt Menschen, die besuchen stärkende Seminare, aus denen sie bewusster und kraftvoller hervorgehen.

Da ich die Person kenne, beantworte ich die Frage hier mal für sie. Sie spinnt nicht in Traumwelten herum, sondern ist eine sehr gesunde Seele, die fest auf dem Boden der Tatsachen verankert ist. Alles, was sie in spirituellen Zusammenhängen für sich getan hat, hat sie wacher, gesünder, kraftvoller und mutiger werden lassen. Sie hat sich einen so gesunden Selbstrespekt zugelegt, dass sie jenen Mann loslassen konnte. Wer sie so schlecht behandelt, sollte nicht in ihrer Nähe sein.

Und was passiert dann? Wie geht es weiter?

Wir verschwenden keinerlei Zeit mit der Frage, warum er das gesagt hat, da wir nicht die Fähigkeit besitzen, die Frage zu beantworten. Wir können nicht über seine Seele verfügen und daher wären alle unsere möglichen Antworten reine Spekulation.

Mit diesen Fragen und Antworten ist der Zweifel besiegt. Schon mal gut. Was bleibt ist der Verlust einer Komfortzone. Sie dachte, da sei Liebe. Offenbar war das eine Illusion. Aber es schmerzt doch sehr, sie zu verlieren. Hier will wieder etwas wachsen. Ein neues Element will zu ihr kommen.

Vielleicht mehr Mut, der eigenen Intuition zu vertrauen, oder mehr Mut, nach den eigenen Gefühlen zu handeln, statt nach Vernunftgründen. Mehr Bewusstsein für den eigenen Wert. Die Fähigkeit, genauer hinzuschauen und besser zu beobachten.

Okay, jetzt möchte aber vielleicht doch jemand einwenden: Kim, du hattest doch versprochen, dass es leichter und einfacher werden soll. Dies erscheint mir aber doch ganz schön schwierig.

Weißt du, es erscheint dir schwierig, weil es alles neu und ungewohnt ist. Aber alles Neue, das wir zu uns nehmen, wird irgendwann zur Gewohnheit. Das gilt auch für diesen Blickwinkel und für diese Art, mit sich selbst umzugehen.

Die meisten Menschen kümmern sich nicht um diese Dinge, sie sitzen alles aus und machen immer weiter wie bisher. Und das ist wirklich schwer.

Stelle dir vor, du wärest jene dominante Frau, die aufgrund einer alten Wunde in ihrer Seele immer alles im Gespräch an sich reißt. Denke nur an all die Begegnungen und Gespräche mit Menschen, die von dir abrücken, die Stirn kraus ziehen, sich frühzeitig verabschieden oder anfangen, gegen dich zu kämpfen. Denke nur an all die Male, die du dich verabschiedest und dann mit einem merkwürdig unguten Gefühl nach Hause gehst, so eine fiese Mischung aus Unwohlsein, Schuldgefühlen und Trotz. Immer dies Gefühl unzulänglich zu sein, nicht gemocht zu werden, nicht willkommen zu sein. Das immer und immer erleben zu müssen, das ist wirklich schwer.

Und dasselbe gilt auch für mein anderes Beispiel. Stelle dir vor, du wärest jene Frau, die sich immer zurückgesetzt, übersehen und abgewertet fühlt. Das immer fühlen zu müssen, in allen Gesprächen, ein Leben lang. Dann dazwischen die Phasen der Einsamkeit, in denen du versuchst, überhaupt nichts mehr mit Menschen zu tun zu haben. Jene Phasen werden nicht zu erholsamen Oasen in der Wüste deines Schmerzes, sondern zu Momenten, in denen du nur mal kurz den Schmerz, der aus dem Ablehnungsgefühl heraus entsteht, gegen den Schmerz der Einsamkeit eingetauscht hast. Das ist wirklich schwer.

Wir halten nur daran fest, weil wir das kennen. Das macht uns zumindest keine Angst mehr. Aber es ist so, als würdest du freiwillig im KZ bleiben, weil es dir zu beängstigend erscheint, es durch die offene Tür zu verlassen. Das will dann am Ende doch keiner.

Alles Neue, auf das du dich einlässt, birgt die Möglichkeit, für neue Fehler, die du machen kannst. Ist das nicht spannend? Warum immer die alten Fehler wieder machen? Machen wir doch mal ein paar Neue.

11 ANDERE MENSCHEN SEHEN UND

WAHRNEHMEN

Aber es ist immer wichtig, den anderen wahrzunehmen, sonst findet überhaupt keine echte Beziehung statt. Menschen treffen aufeinander, reden wie verrückt auf einander ein und gehen wieder auseinander und keiner hat mitbekommen, wie es dem anderen geht oder was der eigentlich gesagt hat. Das sehe ich ganz oft. Ich nehme an, dass auch dabei irgendetwas zwischen den Leuten passiert. Auf irgendeiner Ebene wird etwas befriedigt. Ich hatte zum Beispiel einmal einen Bekannten, der hat quasi ununterbrochen geredet. Zugehört hat er nie und auch nie Fragen gestellt. Er selbst war der alleinige Redner und er hat sich ganz selbständig, also ohne äußeren Input, von Thema zu Thema bewegt. Auf irgendeine Weise hat ihm das Kraft und Auftrieb gegeben. Sein Gegenüber allerdings hat dabei Kraft verloren. Ich empfand diese Begegnungen mit ihm immer als extrem anstrengend und reduzierte sie für mich auf ein Minimum. Dieser Mann hatte nicht die geringste Wahrnehmung für seine Mitmenschen. Er war ganz tief in seinem eigenen Film. Das ist übrigens ein interessanter umgangssprachlicher Ausdruck. Wenn ein Mensch tief in seinem „eigenen Film" steckt, heißt das nämlich nicht, dass er nur sich selbst sieht und wahrnimmt. Das tut er ja gar nicht. So ein Mensch nimmt auch sich selbst nicht wahr. Du kannst gern einmal die Probe auf's Exempel machen, falls du so jemanden kennst. Du könntest ihm zum Beispiel anstelle einer Bratwurst eine gebratene Tofuwurst servieren und er würde es vermutlich nicht bemerken. Er würde sich Ketchup und Curry darauf tun und die Wurst einfach essen, während er redet. Ich habe mal jemandem Kirschtee gekocht, weil ich keinen Hagebuttentee mehr hatte. Dann kam ich aber nicht dazu, es zu erwähnen. Mein Gegenüber trank die ganze Kanne Tee leer, ohne etwas zu bemerken. Damit will ich sagen, diese Menschen fühlen sich selbst gar nicht, sie bemerken nicht, wie das schmeckt, was sie essen und trinken. Sie bemerken nicht, wie unglücklich ihr Gegenüber auf dem Stuhl hin und her rutscht und sich unwohl fühlt. Sie sind auf irgendeiner seltsamen Spur, auf der nicht gefühlt und nicht wahrgenommen wird. Selbst, wenn sie anderen begegnen, die auf derselben Spur fahren, wird es zwischen ihnen keinen echten zwischenmenschlichen Kontakt geben, weil das auf einer so schmalen Spur nicht möglich ist.

Beziehung zwischen Menschen erfordert es, dass man anwesend ist.

Und dasselbe gilt für bewusstes Persönlichkeitswachstum. Unbewusst wachsen wir alle trotzdem auch. Das tun wir seit Jahrtausenden. Aber das unbewusste Persönlichkeitswachstum geht unglaublich langsam über Äonen hinweg und ist sehr, sehr schmerzhaft. Da wird man dann mal als Hexe verbrannt, ein andermal gekreuzigt und noch ein paar Mal von Räubern oder im Krieg erschlagen und so weiter. Man stirbt bei der Geburt eines Kindes oder wird als Sklavin verkauft. Nun ja, halt die ganze Palette all der schlimmen Dinge, die wir aus früheren Jahrtausenden und Jahrhunderten so kennen. Heute findet das mit der Kreuzigung zum Glück nicht mehr so häufig statt, aber auch unsere Zeit hat ihre schmerzhaften Erfahrungen. Heute traf ich im Kaufland eine Frau, die mich als De Wise Fru erkannte und mich fragte, ob ich ihr helfen kann. Sie erzählte mir von ihren Krankheiten und es waren nicht nur erschreckend viele, sondern auch erschreckend schlimme. Ich fragte sie, ob es denn seelische Gründe gäbe für so viel Leid und sie bestätigte mir das sofort und sagte nur ganz kurz, sie sei halt als Kind lange vom Vater missbraucht worden und später von ihrem Mann übel geschlagen. Die arme Frau.

Das meine ich mit dem Leid moderner Zeiten. So ein Leben zu führen ist schwer.

Wenn wir uns entscheiden, uns bewusst zu entwickeln und es nicht mehr dem Schicksal überlassen, uns mit Fußtritten voran zu treiben, dann wird alles leichter, schöner, angenehmer und lustiger.

Das geht natürlich nicht, wenn man tief im eigenen Film steckt. Dann sieht man nur sich, und noch nicht mal das richtig.

Einmal hatte ich eine Seminarteilnehmerin, die sich permanent rechtfertigte. Aber sie rechtfertigte sich nicht nur ein- zweimal, sondern zwei- drei Stunden. Es war die reinste Rechtfertigungsorgie. Klar, dass das keiner aushalten konnte. Als ich mit ihr darüber sprach, antwortet sie mir: „Wieso, ich rechtfertige mich doch gar nicht."

Bitte verstehe mich richtig. Ich mache der Frau hier keinen Vorwurf. Wir haben alle unsere Macken. Ich möchte nur etwas deutlich machen. Wenn jemand sich drei Stunden lang ununterbrochen rechtfertigt, obwohl ihm niemand widerspricht und er noch nicht einmal selber merkt, dass er sich rechtfertigt, dann hat er auch nicht bemerkt, dass er offenbar eine Komfortzone verloren hat. Ohne einen Komfortzonenverlust wäre es ja gar nicht nötig, sich wegen irgendwas zu rechtfertigen. Dieses ganze Verhalten ist ja bereits eine Reaktion auf etwas. Rechtfertigung ist ja schließlich nicht ihr Hobby. Nein, sie reagiert auf etwas, auf einen alten Schmerz, eine innere Wunde, die ihr einst geschlagen wurde, die noch immer unverheilt in ihrer Seele weh tut. In diesem Zustand nimmt sie ihre Mitmenschen nicht mehr wahr. Weder hört sie unsere Zustimmung, noch bemerkt sie, dass niemand gegen sie ist. Sie nimmt auch sich selber nicht wahr, denn sonst würde ihr ja auffallen, was sie tut.

Wir können uns selbst bremsen, stoppen und uns schlichtweg angewöhnen, unsere Umwelt und unsere Mitmenschen und auch uns selber wahrzunehmen. Du kannst eine einfache Übung daraus machen, indem du dich jeden Tag mehrmals fragst:

Was genau passiert hier gerade?

Wie fühle ich mich?

Wie geht es meinem Gegenüber gerade?

Die Fragen wecken deinen inneren Beobachter auf. Er schläft vor sich hin, wenn ihn niemand ruft. Aber wenn du seine Hilfe und Unterstützung brauchst, ist er gleich voll da. Du brauchst dir also wirklich nur die Fragen zu stellen. Und dann fängst du automatisch an zu beobachten. Du beobachtest die Situation. Du beobachtest dein eigenes Wohlbefinden und du beobachtest dein Gegenüber, um festzustellen, ob es ihm gut geht. (Solltest du dabei bemerken, dass sich dein Gegenüber schlecht fühlt, heißt das noch lange nicht, dass du der Urheber davon bist. Es gibt hier keinen Grund sich gleich selbst zu verurteilen).

Ich möchte diese drei Fragen gern noch etwas genauer erläutern. Die erste Frage „Was passiert hier gerade?", wie ist die gemeint?

Ich habe einmal an einem Seminar teilgenommen, in dem eine der Teilnehmerinnen plötzlich anfing, sich über die anderen zu stellen, sie zu dominieren und ihnen Ratschläge aufdrücken zu wollen. Die Seminarleiterin fragte sie: Was tust du gerade? Und sie antwortete verdutzt: „Ich spreche."

Die Teilnehmerin hat die Frage nicht verstanden, weil sie mit dieser Betrachtungsform noch nicht vertraut war. Es geht bei der Beantwortung der Frage „Was passiert hier gerade" natürlich nicht darum festzustellen, wer gerade spricht und wer schweigt und wer aus dem Fenster schaut. Es geht darum zu beobachten, was die anwesenden Menschen miteinander machen. Was findet innerhalb der Kommunikation statt? Versucht jemand, die Aufmerksamkeit der anderen in Geiselhaft zu nehmen? Setzt sich jemand auf Kosten der anderen in Szene? Textet jemand die anderen zu und lässt keinen mehr zu Wort kommen? Manipuliert vielleicht jemand? Es geht darum, die Mechanismen zu beobachten (beobachten, nicht bewerten), die sich während des Gespräches zeigen.

Die müssen übrigens nicht immer schlecht sein. Vielleicht stellst du dir die Frage „Was passiert hier gerade" und beobachtest dann, dass Freunde sich freundlich mit einander verhalten. Das gibt es schließlich auch. Deine Fähigkeit zu beobachten und bewusst wahrzunehmen, wird auch in solchen positiven Situationen geschult, denn da gibt es auch einiges zu sehen.

Ich kannte einmal eine großartige Frau, die eine unglaubliche Präsenz hatte. Wenn sie in den Raum kam, dann war der Raum voll. Und trotzdem hat sie niemanden an die Wand gedrückt und niemanden unterdrückt. In so einer Situation kann man zum Beispiel beobachten, wie sie das macht. Es ist sehr spannend zu lernen, wie wir uns entfalten können, ohne anderen etwas wegzunehmen.

Die zweite Frage „Wie fühle ich mich gerade?" kann auch missverstanden werden. Es geht hier nicht darum, einen Bericht über den Gesundheitszustand abzugeben. Hier ist gemeint, die kleinen Gefühle mitzubekommen, die durch das ausgelöst werden, was gesagt wird und was im Gespräch passiert. Zum Beispiel kann es sein, dass jemand im Gespräch ganz begeistert von einer Messe erzählt, die er selber organisiert hat, oder von den Klienten, die alle bei ihm gewesen sind und wie er mit ihnen gearbeitet hat. Da kann es passieren, dass du für einen winzigen Moment neidisch wirst oder dich klein und unfähig fühlst. Es gilt, diese kleinen Gefühle zu bemerken. Du darfst das ruhig fühlen, das ist gar nicht schlimm oder verboten. Aber wenn du nicht bemerkst, dass du dich eifersüchtig fühlst, dann kann es passieren, dass du den anderen einfach ablehnst. Den mag ich nicht, batsch! Dein eifriger Verstand wird dir schon ein paar plausible Gründe dafür liefern. Dennoch ist es an deinem Bewusstsein vorbei gegangen, dass du eigentlich nur ein wenig neidisch warst.

Es gibt auch noch andere Dinge zu beobachten. Leider gibt es doch so einige Menschen, sogar im spirituellen Bereich, die sich – ohne es selber bewusst zu bemerken – einfacher schwarzmagischer Manipulationstricks bedienen. Ich habe da einmal folgendes erleben müssen. Ein Berufskollege, ein Schamane, hatte sich bei einem Treffen in meinem Hause die Telefonnummern der anderen Teilnehmer aufgeschrieben und sie dann nach einander angerufen. Bei diesen Telefonaten spielte er die Rolle des hilfreichen Freundes, der sich nur um meinen Gesundheitszustand sorgt. Er erzählte den Teilnehmern ein paar Lügen über mich und dass er um meine seelische Gesundheit fürchte. Alle Gruppenmitglieder mieden mich von da an, bis auf eine einzige Frau, die mir dies dann auch erzählte. Was ganz genau ist da passiert? Der Mann hat den Verstand der anderen Teilnehmer beschäftigt, indem er ihnen die eine oder andere Geschichte über mich erzählte, die Lügen. Zugleich wiegte er sie in Sicherheit, indem er sich als mein besorgter guter Freund ausgab. Er gab sich nicht als der Feind zu erkennen, der er wirklich war. Und während die Leute noch über das nachdachten, was er ihnen gesagt hatte, wurden sie emotional bestohlen. Ihnen wurden die Freude, die Zuneigung und das Vertrauen geklaut. Vor dem Gespräch waren sie voller Freude über die gemeinsamen Erfahrungen in unserer Gruppe, voller Zuneigung für mich und auch voller Vertrauen in mich. Nach dem Gespräch mit jenem Mann fühlten sie stattdessen Angst, Ablehnung und Misstrauen. Mann, sind die beklaut worden!!

Sie haben es nicht bemerkt, weil sie einfach noch nicht soweit waren, dass sie immer merken, was mit ihren Gefühlen passiert. Wenn du dich darauf trainierst zu bemerken, wie du dich fühlst, dann bemerkst du es doch sofort, wenn sich da was ändert. Es ist wirklich leicht, sich darauf zu trainieren. Du brauchst dir nur mehrmals am Tage die Frage zu stellen: Wie fühle ich mich gerade. Das wird sehr schnell und ohne großen Stress zu einer Angewohnheit. Wenn dir dann einer deine Freude nehmen und sie in Angst vertauschen will, dann fällt dir das gleich in dem Moment auf, wo es passiert. Dann weißt du ja, wer in dem Augenblick bei dir ist und du kannst erkennen, wem du das zu verdanken hast.

Du wirst es bemerken, wenn du eingeschüchtert, manipuliert oder sonst wie missbraucht werden sollst einfach, weil sich das nicht gut anfühlt. Du brauchst dann in dem Moment noch nicht einmal zu verstehen und zu wissen, was genau vor sich geht. Das ist nämlich schwierig. Oft durchschauen wir das erst sehr viel später. Aber fühlen kannst du es in dem Augenblick, da es geschieht. Das reicht aus, um entsprechend zu reagieren.

Die dritte Frage „Wie geht es meinem Gegenüber gerade?" hilft dir, deine Mitmenschen wirklich wahrzunehmen. Du bist nicht immer für das Befinden deines Gegenübers verantwortlich und du bist auch nicht immer aufgefordert zu reagieren. Diese Frage soll ja kein Startschuss zu einem neuen Helfersyndrom werden. Oft können wir die anderen mit ihrer Befindlichkeit auch in Ruhe lassen und sehr oft können wir sowieso gar nichts für sie tun. Sie sind für ihr Wohlbefinden ebenso verantwortlich wie du für das deine und ich für das meine. Aber es ist doch gut, wenn wir mitbekommen, wie es ihnen geht. Ich hatte einmal eine Teilnehmerin in einem meiner Seminare, die eine ganze Stunde lang am Tisch saß und weinte. Immer wieder wischte sie sich verstohlen die Tränen ab und keiner hat es mitbekommen.

Die Tibeter sagen, Mitgefühl sei die höchste Form menschlichen Seins. Ich sage, es ist sehr gut für uns, wenn wir Mitgefühl entwickeln. Aber, wie das Beispiel der weinenden Seminarteilnehmerin zeigt, muss man dafür doch überhaupt erst mal seine Mitmenschen wahrnehmen können.

In den Schamanenausbildungen, die wir früher hier im Haus gegeben haben, war die Entwicklung der eigenen Beobachtungsfähigkeit immer ein sehr wichtiges Thema. Bei jedem Treffen bekamen die Teilnehmer einen neuen Beobachtungsauftrag, den sie dann während der kommenden drei Monate überall praktizieren konnten. In der dreijährigen Ausbildungszeit konnte man dann sehr deutlich erkennen, wie sehr die Teilnehmer vorankamen. Irgendwann war die Zeit gekommen, wo ich mich wirklich auf ihre Beobachtungen verlassen konnte. Das klingt jetzt vielleicht etwas überheblich, ist aber nicht so gemeint. Tatsächlich hatten wir oft Anfänger in den Gruppen, die quasi überhaupt nichts wahrnehmen konnten. Zu viele Schleier lagen noch zwischen ihnen und der Welt. Solche Teilnehmer sagen mir dann, meine Zimmerpflanze braucht Wasser, obwohl die Pflanze einen viel zu kleinen Topf hat. Sie sagen, die Pflanzen im Garten nehmen der Tanne das Licht weg, obwohl die Tanne alle anderen Pflanzen um 10 Meter überragt. Sie sagen mir, der Kater habe Hunger, obwohl sichtbar für alle sein Napf voller Katzenfutter ist. Verstehst du, was ich meine? Wir werden alle mit der Fähigkeit geboren zu beobachten und zwar sehr genau zu beobachten, aber wir müssen diese Fähigkeit erst trainieren, damit sie uns ein sinnvolles Werkzeug wird. Die Zimmerpflanze gibt den Teilnehmern keinen Fußtritt mit der Wurzel, weil sie so missverstanden wird und auch der Kater, der überfüttert werden soll, nimmt es gelassen hin. Aber die Menschen reagieren da sehr sensibel. Sie haben ein Bedürfnis danach, wahrgenommen zu werden und zwar mit dem, was sie wirklich fühlen und nicht mit dem, was andere meinen, was sie fühlen. Uns geht es ja genauso. Es ist schön, Freunde zu haben, die uns wirklich sehen und verstehen können. Eigentlich erwarten wir doch gar nicht mehr als das von anderen. Wenn wir das Gefühl bekommen, verstanden zu werden, reicht uns das aus. Wir haben in den allermeisten Fällen gar nicht die Erwartung, dass die anderen uns auch noch helfen und unsere Probleme lösen sollen. Damit will ich auch sagen, dass das praktizieren der drei kleinen Fragen

- Was genau passiert hier gerade?
- Wie fühle ich mich?
- Wie geht es meinem Gegenüber gerade?
-

uns bereits die Tür öffnet zu befriedigenden sozialen Beziehungen und erfreulichen Kommunikationen.

Das ist doch schon mal sehr gut zu wissen.

Darüber hinaus öffnet es auch die Tür zu einem wesentlich leichteren Persönlichkeitswachstum, ohne Kreuzigungen und andere schmerzhafte Todesfälle.

12 KRITIK

Wer auch meine anderen Bücher gelesen hat der weiß bereits, dass ich keine Freundin von Kritik bin. Ich finde, den allergrößten Teil davon kann man sich einfach sparen. Kritik ist fast immer der Versuch, dem anderen zu sagen, er soll anders sein, als er ist. Und Kritik ist fast immer eine unzulässige Grenzüberschreitung. Wenn Entwicklung leicht und so schmerzfrei wie möglich stattfinden soll, dann kann dies in einem kritikfreien Raum geschehen. Die meisten von uns haben so viel Angst vor Kritik, dass wir uns immer zusammennehmen, eine Mauer um uns bauen und uns nicht offenbaren wollen. In unseren Ausbildungsgruppen erschaffen wir so einen weitestgehend kritikfreien Raum. Die Teilnehmer brauchen oft Monate, manche Jahre, bis sie fähig werden, sich innerlich zu entspannen und zu öffnen. Aber von dem Augenblick an, wird in ihrer Entwicklung der Turbo eingelegt. Als Seminarleiter haben wir einiges an Möglichkeiten, den Teilnehmern zu helfen. Die meisten müssen ja nicht nur lernen, sich zu öffnen, sondern auch die anderen nicht mehr zu kritisieren.

Klar könnte man jetzt einwenden: „Aber Kim, Kritik kann doch auch zu einem Komfortzonenverlust führen, sehr leicht sogar. Ist sie denn dann nicht ein gutes Werkzeug für die Persönlichkeitsentwicklung?

Tatsächlich gibt es Coachs, die damit arbeiten, die Kritik als Methode zur Anwendung bringen. Ich selber halte das weder für gut noch für notwendig. Wenn wir mit Kritiken arbeiten wollen, können wir die Kritiken verwenden, die bereits früher von anderen Menschen an uns geübt wurden. Davon haben wir doch alle reichlich. Es ist absolut nicht nötig, Menschen eigens zu verletzen, um ihnen zu einem Entwicklungsschritt zu verhelfen.

Das hält ja auch keiner aus. Wir schaffen es nicht, atemlos von einem Komfortzonenverlust zum anderen zu hetzen, immer auf der Jagd nach dem nächsten Schritt. Das würde uns komplett aufreiben. Zwischen den einzelnen Schritten brauchen wir die Erholung innerhalb unserer Komfortzonen. Selbst wenn wir nur an einem einzigen Thema pro Monat arbeiten, wären das immer noch 12 Entwicklungsschritte im Jahr. Frühere Generationen hätten drei bis vier Jahrhunderte dafür gebraucht.

Ich bevorzuge es, in meinen Seminaren und Sitzungen eine Atmosphäre von entspannter Freundschaft aufzubauen. Dann öffnen sich unsere inneren Türen und wir schaffen es, uns Themen zu stellen, an die wir uns normalerweise nie heran getraut hätten. Dabei spüren wir, dass wir unter Freunden sind und keine Feinde um uns haben. Wir spüren, dass die anderen im Seminar unsere Prozesse voller Wohlwollen, ja oft voller Bewunderung betrachten. Das unterstützt und beflügelt uns.

Aber wenn das Kind bereits in den Brunnen gefallen ist und du die böse Kritik, die so weh tut, schon von irgendjemandem erhalten hast, dann empfehle ich dir sogar sehr, diese Gelegenheit zu nutzen. Jede Kritik, zumindest, wenn sie bei dir ankommt, erzeugt einen Komfortzonenverlust, dem du dich stellen kannst. Was dabei in dir wachsen will, hat vermutlich gar nicht so viel mit der eigentlichen Kritik zu tun. Also, wenn dir jemand vorwirft, du seiest unordentlich, dann ist es höchst wahrscheinlich nicht der Trieb „Ordnung", der dir daraus erwachsen will. Ich würde da eher in einer ganz anderen Richtung suchen.

Als mir das letzte Mal jemand vorgeworfen hat, ich sei unordentlich, da war es jemand, der sich damit über mich stellen wollte, jemand, der mir meinen Rang als weise Frau streitig machen wollte, indem er mich kritisierte. Seine Kritik machte mich darauf aufmerksam, dass ich meine Grenzen nicht angemessen verteidigt hatte. Was hat jemand, der mich kritisiert, sich in meine Angelegenheiten einmischt, mir meinen Rang streitig macht, denn überhaupt in meinen vier Wänden verloren? Wieso war der da? Ein Klient war er nicht, sondern der Ehemann einer Klientin. Er war gegen mich und meine Arbeit und wollte mich das fühlen lassen. Was hier an jenem Tage in mir wuchs, war meine Fähigkeit, knallhart Wahrheit zu sprechen. Ich blickte ihn scharf an und fragte: „Machst du das eigentlich immer so, dass du andere Menschen kritisierst und ihnen deine Vorstellungen überstülpst, während du Gast in ihrem Hause bist?" Kapatsch! Das hat gesessen. Er entschuldigte sich augenblicklich und nahm seine Kritik zurück.

Hätte ich versucht, anhand seiner Kritik ein ordentlicherer Mensch zu werden, hätte ich mich damit nur seinen Richtlinien unterworfen. Warum sollte ich? Warum solltest du? Andere haben nicht zu entscheiden, wie wir in unserer Wohnung zu leben haben. Wenn du also mit Kritik arbeiten willst, die jemand an dir geübt hat, folge nicht der Spur deiner Schuldgefühle. Wo Schuld ist, da fehlt Herz.

Stelle deine Frage weiter, lasse deinen Blick ein viel größeres Feld umfassen.

Wer sagt mir das? Wie kommt es, dass man mir das sagt? Worauf fußt diese Kritik? Was will der Kritiker damit erreichen? Ist das ein positives Ziel? Wird mir das gut tun? Tut die Kritik mit gut? Was genau fühle ich jetzt? Ist das gut für mich? Wo ist Herz jetzt gerade? Bin ich noch auf meiner eigenen Seite? Wodurch habe ich es ausgelöst, dass der andere sich das mir gegenüber traut?

Wenn ein Komfortzonenverlust stattgefunden hat, dann gibt es auch einen Entwicklungstrieb, der hier wachsen will. Du findest ihn leichter, wenn du auf deine echten Gefühle Rücksicht nimmst und du findest ihn schwerer, wenn du stattdessen auf Schuldgefühle oder gesellschaftliche Regeln achtest.

Und übe dich selbst auch darin, andere nicht zu kritisieren, es sei denn, du musst deinen Raum verteidigen.

Lassen wir die anderen in Ruhe. Warum sollten sie sich unseren Vorstellungen anpassen? Selbst, wenn ich wirklich Fehler bei ihnen sehe, ist das kein Grund, Kritik zu üben.

Diese Art des Denkens und des Umgangs mit unserem Schmerz ist noch sehr neu und möglicherweise für dich sehr ungewohnt. Darum beschreibe ich dir im folgenden Kapitel einfach mal einige Übungen, die dir helfen können, Situationen zu bewältigen und deine Wachstumserfolge daraus zu ziehen.

13 EIN PAAR METHODEN

Da es in uns Menschen so unglaublich viele Aspekte, Seelenanteile und Möglichkeiten gibt, brauchen wir auch einen gehörigen Kanon an unterschiedlichen Methoden, um diese zu entwickeln.

So ein Mensch wie du und ich besteht aus Gedanken, Gefühlen, Ängsten, Egostrukturen, Urteilen, Blockaden, Traumata, Wahrnehmungen, Glaubensmustern, Denkmustern, Erfahrungen und vielem mehr. Und all das ist auch noch in Bewegung, wird bewegt und verändert durch Kontakte mit anderen Menschen, wird gespiegelt oder spiegelt seinerseits, reagiert, sendet, sehnt.

Da können wir nicht mit dem geistigen Vorschlaghammer herangehen und all diese vielfältigen, sich bewegenden Aspekte immer mit ein und derselben Methode bearbeiten wollen. Da brauchen wir eine Vielfalt an Methoden plus die nötige Kreativität, um gegebenenfalls eine Methode zu erfinden, wenn wir auf eine neue Herausforderung stoßen. Wie ich im vorherigen Kapitel schon sagte, sind hier die letzten Worte noch lange nicht gesprochen. Hier wird sicherlich noch vieles hinzugefügt werden. Und ich freue mich schon sehr darauf, die Methoden der Zukunft kennenzulernen. Trotzdem will ich hier zumindest einige der bereits bestehenden Vorgehensweisen beschreiben, damit du eine Vorstellung bekommst, wovon die Rede ist.

Eine gute Methode, um Persönlichkeitsentwicklung zu fördern, ist die Visionsreise, insbesondere die Reise in die innere Stadt. Diese Methode kannst du entweder in einer Sitzung mit deinem Coach nehmen oder, wenn du gern selbständig arbeitest, dir auch selber geben. Ich habe vor Jahren einmal einen Artikel zu diesem Thema in der Zeitschrift „Visionen" publiziert. Um mich nicht wiederholen zu müssen, stelle ich diesen Artikel hier in dies Kapitel ein. Hier ist er:

DE WISE FRU ÜBER DIE ARBEIT MIT DER INNEREN STADT

Stellen sie sich vor, sie wären eine Stadt. Ja, sie haben richtig gelesen, eine Stadt. Nehmen sie sich dafür eine mittelalterliche Stadt mit einer hohen Stadtmauer, die von Wächtern und Soldaten bewacht und beschützt wird. Sie selbst sind die Königin der Stadt, wenn sie eine Frau sind und der König, sofern sie ein Mann sind. Das bedeutet, es ist ihre Aufgabe, diese Stadt königlich und dennoch demokratisch zu regieren. Aber sie sind nicht nur König oder Königin, sie sind auch jeder andere in der Stadt, jeder Bäcker, Zimmermann, Hufschmied, jede Dienstmagd, Hofdame oder Kaufmannsfrau und natürlich sind sie auch jeder Trinker in der Kneipe und jeder Bettler auf der Straße. Um die Stadt herum wohnen Bauern, die das Land bestellen, die aber ebenfalls zur Stadt gehören. Es gibt auch ein Kloster mit einigen Bewohnern, die sich ganz der Spiritualität geweiht haben. Das alles und auch alles weitere, was ihnen dazu einfällt, das sind nun also sie. Nehmen sie das Ganze einfach als ein Spiel. Spielen sie mit und stellen sie sich vor, sie wären diese Stadt.

Nun besteht die Aufgabe darin, jedem Menschen in der Stadt zu einem zufriedenen Leben zu verhelfen. Die Menschen aber, das sind in Wahrheit ihre inneren Anteile. Ihre Wut zum Beispiel können sie als einen der Soldaten verkörpern, aber auch als Störenfried, der von den Soldaten verhaftet und vor den König gebracht wird. Als König oder Königin, müssen sie nun den Störenfried befragen, warum er sich so aufführt. Wenn sie sich wirklich auf dieses Spiel einlassen und ihrer Wut in Gestalt des Störenfriedes wirklich eine Stimme verleihen, dann werden sie in seiner Antwort vielleicht den Grund erfahren, warum sie in bestimmten Situationen immer wieder wütend werden. Vielleicht sagt der Störenfried: „Ich wüte, weil ich nie bekomme, was ich wirklich brauche." Was auch immer er sagt, es geht nicht darum, ihn zu verurteilen und aus der Stadt zu verbannen, denn – wenn sie sich erinnern – sie sind ja jeder in der Stadt, also sind sie auch der Störenfried und sie können keinen Teil ihrer Selbst so einfach loswerden. Das wäre auch nicht gut, insbesondere nicht, wenn es sich um eine so kostbare Energie wie Wut handelt, Glauben sie mir, der Störenfried würde ihnen später fehlen, wenn sie in ihrem Leben einmal in eine Situation kommen, wo sie sich rigoros wehren müssen. Dort benötigen sie seine Kraft. Daher achten wir bei der Arbeit mit der inneren Stadt stets darauf, eine bessere und demokratischere Lösung zu finden. Wir müssen herausfinden, was der Störenfried benötigt, um seine Energie _für_ die Stadt einzusetzen und nicht länger gegen sie. Und wie könnte das zum Beispiel aussehen? Gehen wir einmal davon aus, der Störenfried hat die obige Antwort gegeben In dem Fall fragen wir ihn natürlich, was es denn ist, das er braucht. Möglicherweise antwortet er dann:

„Ich brauche meine Freiheit, um zu tun und zu lassen, was ich will." Sie antworten möglicherweise darauf mit: „Und wenn ich dir diese Freiheit gebe, was wirst du dann tun und lassen?"

„Ich werde essen, wenn ich hungrig bin, schlafen, wenn ich müde bin und arbeiten, wenn ich Lust dazu habe."

So eine Antwort deutet darauf hin, dass sie sich zu sehr durch feste Regeln einengen. Ihnen fehlt die Freiheit, ihrem inneren Impuls zu folgen. Es muss jetzt ein Raum gefunden werden, in dem sie sich selbst die Erlaubnis geben können, frei und nicht nach Plan zu leben und den inneren Impulsen nachzugehen. Dazu müssen wir aber eines noch klar verstehen. Der nach Freiheit strebende Störenfried verkörpert nur einen Teil ihrer selbst und nicht ihr ganzes Ich. Wenn dieser Aspekt ihres Ichs nach Freiheit ruft, ist es dafür nicht erforderlich, dass sie selbst ihren Job aufgeben, Aussteiger werden und sich ihr ganzes Leben lang der Befriedigung der Bedürfnisse des inneren Störenfriedes widmen. Eine teilweise Befriedigung würde die Störung schon heilen. Dafür sehe ich mehrere Möglichkeiten. Wir könnten dem Störenfried ein Haus geben und ihm zusagen, dass er sich in diesem Haus verhalten und bewegen darf, wie es ihm beliebt, solange er niemand anderem dadurch weh tut. Für sie selbst bedeutet dies, sie haben die Möglichkeit, sich mit ihrem inneren Störenfried zu identifizieren, wenn sie zuhause sind. Dort kann er seine Freizeit gestalten und sich die Freiheit nehmen, einmal nicht auf die Wünsche und Bedürfnisse anderer einzugehen.

Ich habe diese Methode aus den alten Formen des schamanischen Reisens und Visionierens weiter entwickelt. Die Visionsreise ist ein mittlerweile vielfach anerkanntes schamanisches Instrument der Psychologie geworden. Sie ist in drei Hauptformen bekannt. Die ursprünglichste Form des schamanischen Reisens sah vor, dass nicht der Klient, sondern der Schamane oder Medizinmann eines Dorfes seinen Geist in die „Unterwelt" auf Reisen schickt, um dort etwas zu erledigen oder zu holen. Später entwickelte sich daraus die nächste Form. Nicht der Schamane, sondern der Klient schickt seinen Geist auf Reisen, um etwas Wichtiges zu erledigen oder zu finden und wird von seinem Schamanen dabei geleitet und beschützt. Diese Methode findet heutzutage vielfach Anwendung in der modernen Psychologie. Die dritte Form, die oft unter der Bezeichnung „geführte Meditation" bekannt ist, schickt ebenfalls den Klienten in seinem Geist auf die Reise. Hier wird jedoch nichts gesucht oder durchgeführt. Der Klient wird statt angeleitet, sich selbst zum Beispiel auf einer grünen Wiese zu sehen, an einem schönen Strand oder im Wald, wo er Ruhe finden und entspannen kann.

Da ich mehr der schamanischen Tradition verhaftet bin als der meditativen Richtung, habe ich die Arbeit mit der inneren Stadt aus der zweiten Form des schamanischen Reisens entwickelt. Mit gefällt der Gedanke, dass wir in der Vision wichtige Dinge erleben und aktiv etwas bereinigen können. In diesem Sinne sind Visionsreisen überhaupt eine großartige Methode, sich in die eigene Innenwelt zu begeben und dort etwas in Ordnung zu bringen. In dieser Arbeit hat es sich gezeigt, dass ein jeder Klient innerlich so vielschichtig und vielfältig strukturiert ist, dass sein Selbst sich wie eine ganze Stadt darstellt mit all den vielen verschiedenen Bewohnern, die ihren jeweils unterschiedlichen Aufgaben nachgehen. So entstand die Arbeit mit der inneren Stadt ganz natürlich anhand der Erfahrungen, die meine Klienten und ich mit der Zeit gemacht haben.

Wenn ein Klient mit einem Anliegen zu mir kommt, für das sich diese Methode eignet, dann beginne ich die Arbeit zumeist folgendermaßen. Ich bitte den Klienten, sich seine innere Stadt vorzustellen, insbesondere den Marktplatz, auf dem sein Thron steht. Der Klient selbst sieht sich nun als König, dessen Aufgabe darin besteht, den inneren Frieden wieder herzustellen. Der Seelenanteil, welcher eine Disharmonie erzeugt, wird aufgefordert, vor dem König zu erscheinen. Mein Klient visioniert nun diesen Seelenanteil in einer menschlichen oder zumindest menschenähnlichen

Gestalt. Das ist sinnvoll, da wir mit einem Türgriff oder einer Duschhaube nicht besonders gut kommunizieren könnten.

Kürzlich hatte ich einmal die Gelegenheit folgendes in einer solchen Sitzung zu erleben: Mein Klient war ein Student, der zwar sehr gute Leistungen erbrachte, aber zugleich unter großen Zukunftsängsten litt und sich sehr schwer damit tat, mit seiner Arbeit zu beginnen. Er fühlte sich zweigeteilt. Einerseits neigte er dazu, sehr hohe Anforderungen an sich selbst zu stellen, (denen er im Endeffekt auch immer gewachsen war) andererseits scheute er vor diesen hohen Anforderungen zurück und litt unter Ängsten und Depressionen im Vorfeld jeder zu erbringenden Leistung.

In der inneren Stadt rief er zunächst den „Anforderungen-Steller" herbei. Dieser erschien schwungvoll und selbstbewusst in Gestalt eines Musketiers. Ich erinnerte meinen Klienten daran, dass die Musketiere die Leibgarde des Königs waren. Der Musketier sagte, er sei dazu da, den König anzutreiben und zu kontrollieren. Als mein Klient ihn darauf aufmerksam machte, dass er sich diesen Anforderungen nicht gewachsen fühlte, zeigte der Musketier sich ratlos. Wir riefen daraufhin die Angst vor den Thron. Die Angst erschien in Gestalt eines Mönches, eines Mannes, der sein Leben dem Frieden und der Spiritualität gewidmet hatte. Der Mönch riet dazu, nicht so energisch voranzuschreiten, sondern inne zu halten und sich auf sich selbst zu besinnen. Als beide vor dem König standen, wurde etwas deutlich: Ihre Rollen waren vertauscht. Der Musketier fungierte als Berater des Königs, obwohl seine Energien weitaus besser geeignet wären, die Truppen zu befehligen. (Die Truppen verkörpern hier die aggressiven Energien des Klienten, welche unabdingbar sind, um sich den Herausforderungen seines Studiums erfolgreich zu stellen). Und der Mönch, welcher als Berater des Königs viel besser geeignet wäre, fungierte als Befehlshaber der Truppen, (die er aber stets zurückhielt und ihnen sagte, sie sollen lieber Frieden halten.)

Für den Klienten bedeutet das folgendes. Wenn Energie und Vorwärtsstürmen in seinem Leben angesagt ist, also wenn er sich auf ein neues Referat stürzen sollte, um es „in Angriff" zu nehmen, dann rät ihm die Angst, sich statt dessen doch lieber auf sich selbst zu besinnen, zu verharren und nicht zu handeln. Das aber bringt ihn in Konflikt mit den Anforderungen, so dass er sich selbst wegen seines Zauderns und Zögerns kritisiert und verurteilt.

Ich schlug ihm vor, die beiden ihre Rollen tauschen zu lassen. Daraufhin ernannte mein Klient den Musketier zum Oberbefehlshaber der Truppen und den Mönch zum Berater des Königs

Durch den Rollentausch wurde jeder dieser Anteile auf den ihm zukommenden Platz gerückt mit dem entgegengesetzten Element als Polarität. So wird es meinem Klienten leichter fallen, seine Referate zu erledigen und in seiner Freizeit zu entspannen.

In fast jeder Sitzung mit der inneren Stadt kommen derartig überraschende Erkenntnisse zutage. Deshalb betrachte ich diese Arbeit als sehr heilsam. Um diese Arbeit jedoch zu einem erfolgreichen Abschluss bringen zu können, ist die Einhaltung einiger Grundsätze wesentlich:

Alle Wesenheiten, die in der inneren Stadt erscheinen, sind Seelenanteile des jeweiligen Klienten und haben daher das Recht in der Stadt zu leben.

Keine dieser Wesenheiten ist böse, auch dann nicht, wenn es zunächst so erscheint.

Keine Wesenheit wird bestraft oder aus der Stadt verbannt.

Keine Wesenheit darf unterdrückt werden.

Es geht immer darum, allen Wesenheiten gerecht zu werden, also innere Demokratie zu leben.

Wenn ein Aspekt zur Störung wird, müssen wir herausfinden, was diesen Anteil entweder quält und das abstellen, oder was ihm fehlt, und wie wir ihm das geben können.

Alle Anteile werden miteinander in eine harmonische Balance gebracht.

Ehrlichkeit sich selbst gegenüber ist eine der wichtigsten Voraussetzungen.

Die Arbeit mit der inneren Stadt ist nicht die Arbeit mit den inneren Bildern. Sie ist die Arbeit mit den Gefühlen. Die inneren Bilder sind lediglich die Verkörperungen der Gefühle, ihre Symbole.

Wenn die Arbeit nicht mehr an das wahrhaftige Empfinden angeschlossen ist, wird sie sinnlos.

Jedes Bild in der inneren Stadt und auch jede Handlung, die wir dort begehen, muss ihre Entsprechung in der Realität haben. Da hier alles symbolisch ist, müssen die Symbole auch für etwas Reales stehen.

Ich kann diese Arbeit nicht mit einem Klienten machen, der zu sehr im Verstand ist, denn der Verstand besitzt die Fähigkeit, sich alles Mögliche auszudenken. Wenn die Vision vom Gefühl abgeschnitten ist, können wir zwar phantastische Bilder sehen und gewaltige Kulissen erschaffen, in denen abenteuerliche Dinge geschehen, es wird aber keine Auswirkung auf die seelische Gesundheit haben. Daher achte ich immer darauf, dass wir den Kontakt zum Gefühl nicht abreißen lassen. Der Vorteil einer solchen Methode liegt auf der Hand. Wir können einzelne Aspekte unserer Seele betrachten und, indem wir sie in menschlicher Gestalt erscheinen lassen, direkt mit ihnen reden. Wir können mit der Angst, der Wut, dem Heißhunger, der Krankheit, der Sexualität, dem Körper oder wem auch immer sprechen. Oftmals kommen auf diese Weise verblüffende Informationen ans Licht. Fast immer erfahren wir mehr darüber, welche Seelenanteile aus dem Gleichgewicht geraten sind, was uns in den meisten Fällen auch zeigt, wie wir die Balance wieder herstellen können.

Alles in der inneren Stadt ist symbolisch. Die Burgmauer zum Beispiel steht für die Fähigkeit des Klienten, sich abzugrenzen. Sieht der Klient sie als kaputte Ruine, so können wir daraus schließen, dass er Probleme damit hat, sich abzugrenzen.

Die Wächter auf der Mauer sind ein Symbol für seine Fähigkeit sich zu wehren. Schlafen sie, sind sie betrunken oder gar nicht vorhanden, können wir daraus folgern, dass der Klient sich nicht gut wehren kann.

Der Thron auf dem Marktplatz ist das Symbol für die Selbstverantwortung des Klienten. Indem sich der Reisende auf den Thron setzt, übernimmt er symbolisch die Verantwortung für sich selbst. Das innere Kloster oder die innere Kirche ist ein Symbol für die Spiritualität des Menschen. Die weise Frau oder der weise Mann sind Symbole für die im Menschen wohnende Weisheit. Wissen wir einmal nicht mehr weiter, können wir sie als innere Berater hinzu ziehen. Alles, woraus wir bestehen, kann hier symbolisiert und bearbeitet werden, zumindest, solange wir den Kontakt mit den dazu gehörigen Gefühlen halten. Wir können jedoch keine Phantasiegestalten oder Waffen hinzufügen, die in der Realität keine Entsprechung aufweisen. Zum Beispiel wird es nicht helfen, wenn unser krebskranker Klient sich vorstellt, er habe ein goldenes Licht, welches er aus seinem Herzen fließen lassen kann, das die Krankheit umhüllt und heilt. Dies mag zwar eine schöne Vorstellung sein, aber der Kranke besitzt ja keine derartige

Kraft, auf die er zurückgreifen kann. Das goldene Licht ist hier kein Symbol für etwas, das der Mensch besitzt oder das ihm zur Verfügung steht, sondern nur eine Erfindung seiner Phantasie. Ohne eine Entsprechung in der Realität wird die innere Stadt zur Phantasiewelt und verliert ihre Wirkungsfähigkeit. Das gilt es stets zu beachten.

Auf jeden Fall führt diese Arbeit, korrekt ausgeführt, zu mehr innerer Demokratie und Selbstliebe. Das gehört zu den Aspekten dieser Arbeit, die mir besonders gefallen. Wir alle verdienen viel mehr Liebe. Wir können damit bei uns selbst beginnen, indem wir uns liebevoll den Anteilen zuwenden, aus denen wir als Seele bestehen. Das wird auf alle Fälle Auswirkungen haben auch auf unsere Umwelt, denn alles beginnt im Geist und – wie ich so gerne sage – Bewusstsein ist alles!

Visionsreisen sind aber nicht alles, was wir zur Verfügung haben und sie greifen auch nicht in allen Situationen. Was wir vor allem brauchen sind praktische Situationen, Kontakt mit echten Menschen und echte soziale Erlebnisse. In der Theorie können wir vieles erdenken, aber ob es auch stimmt, ob es wirklich funktioniert, das erkennen wir erst im Kontakt mit den anderen Menschen. Deshalb halte ich auch Seminare und Workshops für das allerbeste und bewährteste Mittel der Persönlichkeitsentwicklung.

Dabei denke ich natürlich nicht an solche Seminare, wo die Teilnehmer nur an Tischen sitzen und sich etwas erzählen und vorführen lassen. Solche Seminare dienen vielleicht der Informationsvermittlung, aber Wachstum kann so nicht funktionieren. Dafür benötigen wir Aktivitäten. In einem der Seminare des Jahres 2015 haben wir den Teilnehmern beispielsweise beigebracht, wie man sich in einen Bären verwandelt. Mental versteht sich, nicht physisch.

Wir haben zuerst eine Reihe von Übungen gemeinsam durchgeführt, die den Teilnehmern halfen, tiefer und immer noch tiefer in die Vorstellung hinein zu gehen, sie seien Bären, wilde, starke, angstfreie Bären. Dann sind wir gemeinsam in den Wald gefahren und haben dort die emotionale Verwandlung in den Bären erneut durchgeführt und sind eine gute Stunde lang in immer neuen, noch tiefer gehenden Übungen als Bären durch den Wald gestapft. Das hat sehr viel Spaß gemacht und es hat auch sehr viel gebracht. Sicher hast du dich schon gefragt, wozu denn das wohl gut sein kann.

Eine Teilnehmerin berichtete mir kurz nach dem Seminar, sie habe sich endlich einmal gewehrt gegen ihren unterdrückerischen, herrischen und cholerischen Chef. Das habe ihr sehr gut getan, es habe sich auch herrlich angefühlt, endlich einmal kein Opfer zu sein und der Chef habe sich daraufhin sogar bei ihr entschuldigt. Die Teilnehmerin ist also aus der Opferrolle herausgewachsen in eine kraftvollere, selbstbestimmtere Daseinsform.

Eine andere Teilnehmerin berichtete mir von einem Traum, in welchem in ihrer Anwesenheit eine Person von einer bösen, schwarzen Gestalt angegriffen wurde. Sie verwandelte sich in einen Bären, stellte sich der schwarzen Gestalt und zerriss sie in der Luft. Die Gestalt verschwand und die Frau wachte auf. Sie schrieb mir, es sei der erste Traum ihres ganzen Lebens gewesen, in dem sie nicht das Opfer war.

Einmal wurde ich von einer sehr fortgeschrittenen Seminargruppe gebeten, einen Workshop zum Thema Wertung und Verurteilung zu machen. Alle Teilnehmer hatten bemerkt, dass sie andere noch oft abwerteten und verurteilen und sie wollten gern aus diesem Verhalten herauswachsen.

In diesem Seminar arbeiteten wir mit der Rolle des Inquisitors und hatten dafür auch extra schwarze Kostüme mit schwarzen Zipfelmützen angefertigt. Die Teilnehmer schlüpften nacheinander in unterschiedliche Rollen, mal als Angeklagter, mal als Inquisitor und halfen sich so gegenseitig, zu verstehen und zu fühlen, wie es ist, angeklagt, verleumdet und verurteilt zu werden. Zuvor wurden die Teilnehmer aufgefordert, eine Liste all der Wertungen und Verurteilungen anzufertigen, die sie selbst haben. Das heißt, nicht die Urteile, die andere über sie gefällt haben, sondern ihre eigenen Urteile, die sie über andere fällen, sollten niedergeschrieben werden. Der jeweilige Inquisitor – jeder kam mal an die Reihe – bekam dann diese Liste und konnte so all die Verurteilungen gegen den Urheber richten. Das war sehr hilfreich für die Teilnehmer, weil sie auf diese Weise die Möglichkeit hatten, selbst, am eigenen Leib zu fühlen, wie es ist, auf diese Weise verleumdet und verurteilt zu werden. Diese Erfahrung verändert vieles. Und zugleich konnten sie auch in diesem Rollenspiel erkennen, wie grausam ihre Urteile für den anderen sind und aus welcher inneren Quelle sie gespeist werden.

Okay so etwas kann ich natürlich nicht mit Anfängern machen. Als Seminarleiter muss man schon sehr gut wissen, was man tut. Die Erfahrungen, die die Seminarteilnehmer machen, dürfen niemals so extrem sein, dass sie die Teilnehmer eher traumatisieren, statt ihnen zum inneren Wachstum zu verhelfen. Trotzdem ist das Inquisitorseminar ein großartiges Beispiel für die weitreichenden Möglichkeiten in Seminaren.

Es geht aber auch ganz anders und mit viel Liebe. So haben wir, auch im Jahre 2015, in dem Seminar „Finde dein Herz" den Teilnehmern selbst genähte Puppen geschenkt, die ihre Probleme verkörpern sollten und ihnen dann gezeigt, dass sie die Fähigkeit besitzen, ihre Probleme frei zu lieben, da es sich um ihre eigenen Schöpfungen handelt.

Im selben Seminar haben wir die Teilnehmerinnen in Göttinnen verwandelt und ihnen so gezeigt, wie sie sich über all die kleinen Streitigkeiten des Alltags erheben und in ihre innere Größe und Souveränität kommen können.

Seminare bieten die Möglichkeit, ein großes Thema auf vielen Ebenen zu bearbeiten. Durch Spiele, Übungen, Kommunikationen, Bewegung, Rituale und Standortwechsel kann ein Thema sozusagen abgeschält werden wie eine Zwiebel und wir kommen von der Oberfläche bis zum Kern. Ich selbst besitze eine enorme Kreativität bei der Entwicklung all dieser Übungen. Und auch die Arbeit mit dem Ritual findet ihren Platz in den Seminaren. Kürzlich bestand die Aufgabe der Männer eines Seminars darin, gemeinsam, völlig frei und selbstbestimmt einen Kraftplatz zu errichten, der für die männliche Kraft geschaffen ist. Einen ähnlichen Platz für die weibliche Kraft gab es schon sehr lange auf meinem Grundstück.

Die Männer wählten sich einen Anführer, kommunizierten ihre unterschiedlichen Probleme, Wünsche und Vorbehalte zu dem Thema und einigten sich. Wir Frauen mischten uns in keiner Weise ein, sondern hielten uns derweil im Hause auf. Die Männer wählten den Standort auf meinem Grundstück aus und entschieden, dass ein Altar errichtet werden sollte. Sie entschieden weiter, dass ihr Altar aus Natursteinen gebaut werden sollte. Zudem hoben sie eine gute Feuerstelle in der Nähe des Altars aus und umrundeten sie auch mit Feldsteinen. Schließlich entwickelten sie gemeinsam ein Einweihungsritual für den Altar und den Platz und ließen uns Frauen dann wissen, auf welche Weise wir daran teilnehmen und ihre Arbeit unterstützen konnten. Im Dunkeln, bei Sturm und Kälte standen wir alle mit Fackeln auf dem Männerkraftplatz und hielten das Ritual ab. Eine wundervolle Erfahrung! Diese Übung war ganz speziell für die Männer. Männer finden ihr Herz, indem sie gemeinsam mit anderen Männern etwas erschaffen.

Ein anderes Ritual, das wir häufiger während eines Seminars durchführen, ist das Bad im kalten See. In der Gemeinschaft und unterstützt durch den rituellen Rahmen begeben sich die Teilnehmer im Oktober oder November in den Arendsee, der dann schon gar nicht mehr warm und einladend ist. Hier geht es um Grenzüberwindung.

Als ich selbst dieses Ritual zum ersten Mal durchführte und zunächst erst einmal nur mit den Füßen ins Wasser ging, da stach mir die Kälte wie tausend Nadelstiche in die Haut und ich dachte bei mir: „Au weia, das geht ja gaaar nicht". Natürlich musste es gehen. Ich kann ja als Seminarleiterin schlecht sagen: „Hei Leute, mir ist das zu kalt, aber geht ihr mal." Deshalb ließ ich mir nichts anmerken und begab mich in die Fluten. Alle anderen ebenfalls. Auf dem Rückweg herrscht dann immer eine extrem heitere, fröhliche Stimmung mit viel Gelächter und Spaß. Das kommt durch die Energie, die stets frei wird, wenn wir eine innere Grenze überwinden. Wir sind durch so viele völlig unnötige Grenzen eingeengt: Wenn ich da in den kalten See gehe, dann bekomme ich eine Erkältung. Ich kann mich doch hier nicht vor allen Leuten ausziehen. Da drüben stehen Leute und halten uns für verrückt. Das kann ich doch nicht machen.

All diese Grenzen sind nicht nur unnötig, sie behindern auch dein inneres Wachstum. Eine unfassbare Menge an Entwicklungsschritten wurde schon von Menschen deshalb nicht getan, weil sie sich darum sorgten, was andere wohl über sie denken. Diese Grenze „die anderen werden mich für verrückt halten" ist gewissermaßen wie ein Schädling im Garten deiner Seele. Statt dich zu unterstützen und dich zu beschützen, frisst dieser Schädling dir deine Chancen weg.

Ich rate allen Menschen, sich in Seminare zu begeben und ihr inneres Wachstum in einer Gruppe oder einer Gemeinschaft zu vollziehen. Ganz alleine auf sich gestellt, sind aber auch ein paar Dinge möglich, und ich werde im

Folgenden auch ein paar Übungen beschreiben, die du ganz alleine mit dir selbst durchführen kannst. Aber sie werden dir nicht dazu verhelfen, dich frei, glücklich und unbeeinträchtigt unter Menschen bewegen zu können. Das kann man eben doch nur unter Menschen lernen, die ebenfalls dies Ziel haben.

Sehr oft höre ich von meinen Klienten aber: „Ich bin nicht so der Seminartyp. Ich möchte lieber eine Einzelsitzung". Wenn du vielleicht genau dasselbe eben auch gedacht hast, dann frage dich doch einmal, warum. Warum willst in kein Seminar gehen? Weil du Angst vor Menschen hast? Weil du kein Vertrauen in die anderen Menschen hast? Weil du nicht genügend Selbstbewusstsein hast und dir nicht zutraust, genau so gut zu sein wie sie? Weil du immer wieder ein Opfer der Kraft und Macht der anderen wirst? Oder wie wäre es mit diesem Grund hier: Weil du befürchtest, dass du dann wieder Helfer für all die anderen im Seminar sein wirst und selbst zu kurz kommst?

All das sind nur umso bessere Gründe, erste recht ein Seminar zu besuchen. Die Angst vor Menschen kann man nur unter Menschen verlieren. Vertrauen in andere Menschen gewinnt man nur unter Menschen wieder zurück. Opferhaltungen können nur im Kontakt mit anderen aufgelöst werden. Sonst wirst du immer wieder Opfer sein, sobald du es wieder mit Menschen zu tun hast. Und wenn wir die Macke haben, dass wir uns immer wieder zu Helfern für die anderen machen und uns selbst vernachlässigen, dann können wir auch nur unter Menschen üben, damit mal aufzuhören und unsere eigenen Bedürfnisse wichtig zu nehmen. All die Probleme, die wir mit Menschen haben, können wir nicht ohne sie lösen. Allerdings geht es in einer Seminargruppe bedeutend leichter als im echten Leben. Im echten Leben geht es natürlich auch. Aber es kann passieren, dass die anderen einfach immer wieder die Stärkeren sind und dich in deinem Problem nur immer wieder befestigen.

Wenn du es allein mit dem Leben aufnehmen willst, dann brauchst du wenigstens einen geduldigen Coach, der dir dann nach jeder schief gelaufenen Erfahrung hinterher erklärt, woran es gelegen hat, damit du nicht immer wieder von dir selber denken musst, du seiest unfähig. Das bist du nicht. Es ist nur einfach total schwer alleine und zwar für jeden.

Gerade gestern sprach ich mit einer tollen Frau, die alleine schon viele Entwicklungsschritte getan hat. Ihr Hauptproblem – Angst vor Menschen und Schwäche im Angesicht von Menschen – konnte sie so aber nicht lösen. Sie hat jetzt vom Schicksal eine tolle Chance bekommen. Ihre neue Angestellte drückt sämtliche Knöpfe bei ihr. Mit geradezu traumwandlerischer Sicherheit findet diese Frau die Schwachpunkte meiner Klientin und schupst sie dadurch von einer Schwächeerfahrung in die nächste.

Daran kann sie mit ihrer Angestellten arbeiten.

Immer, wenn die Angestellte etwas tut, was ihr nicht gefällt, kann sie folgendes tun. Zuerst muss sie zur Kenntnis nehmen, was es genau ist, das ihr nicht gefällt. Zunächst ist es ja nur ein ungutes Gefühl. Aber wenn die Angestellte da ist und dieses Gefühl auslöst, kann sie das als Chance nutzen, genauer zu erspüren, was sie daran stört. Dann kann sie sich in Ruhe überlegen, was sie sagen will und es schließlich auch aussprechen. Wenn die Angestellte ihr zum Beispiel im Nacken steht und ihr am Computer über die Schulter blickt, dann kann sie sprechen und sagen: „Du, sei mir bitte nicht böse, aber ich kann nicht arbeiten, wenn mir jemand über die Schulter blickt. Mach du doch in der Zwischenzeit xy".

Das klingt vielleicht für einige jetzt banal, aber diese Klientin hat eben genau das Problem, dass sie sich nicht traut, diese Dinge zu sagen. Das ist ihre Schwäche. Das ist es, wo etwas wachsen und zur Stärke werden will. Wenn sie eine Chefin ist, dann muss sie auch fähig sein, diese Rolle auszufüllen. Sie muss Aufträge erteilen, Ansagen machen,

Korrigieren, Grenzen setzen und zur Not auch Kritik üben. Das alles gehört zu der Rolle einer Chefin. Wenn sie hier zu schwach ist, ihre Rolle auszufüllen, werden immer wieder Machtprobleme mit den Angestellten auftreten. Außerdem ist das auch wieder nur so eine nutzlose Grenze. Was ist in Wirklichkeit denn schlimm daran, wenn sie ihrer Angestellten einen Auftrag erteilt, sie auffordert, den Auftrag noch einmal und diesmal richtig auszuführen oder sie auf Fehler hinweist, damit diese ausgebügelt werden können.

Die anderen Menschen sind nur deswegen für sie so unangenehm, weil sie sich das alles nicht traut. Es liegt also gar nicht an den anderen. Die anderen sind völlig normal, so wie Menschen eben so sind. Hier ist die Chance auf ihr inneres Wachstum. Sie kann es lernen, die Dinge auszusprechen, die ausgesprochen werden müssen und zwar auch mit Angst. Angst ist ja kein Hinderungsgrund. Und sie kann lernen, Worte zu finden, die weniger angstbesetzt sind.

Das kann sie aber nur üben, solange eine andere Person sie auf ihre Schwächen aufmerksam macht. Zum Glück ist es im Leben so eingerichtet, dass diese anderen Personen immer den Weg zu uns finden, solange wir uns nicht dafür entscheiden, unser Leben ausschließlich alleine auf dem Sofa zu verbringen.

Die Idee, einfach keine Angestellten mehr zu haben und alles alleine zu machen, ist keine wirkliche Option. Das verhindert jegliches inneres Wachstum und das Problem wird nie gelöst. Der Grund, warum diese an und für sich so entwickelte Frau immer noch so schwach im Umgang mit Menschen ist, liegt eben genau darin, dass sie dieser Aufgabe immer aus dem Wege gegangen ist. Meditieren, Visionieren, lesen oder nachdenken hilft da nicht. Das kann man nur unter Menschen lernen.

Nun haben wir aber vielleicht nicht immer jemanden zur Verfügung, der mit uns übt oder unsere Knöpfe drückt. Darum hier eine Übung für eine einzelne Person.

ÜBUNG: LOSLASSEN

Alles Leid kommt immer vom Festhalten. Wir halten entweder einen Menschen, eine Sache, eine Überzeugung, ein Glaubensbekenntnis oder noch etwas anderes fest. (Wir halten keine Angst fest. Da verhält es sich umgekehrt. Die Angst hält uns fest. Wir können die Loslass-Übung deshalb nicht in Bezug auf eine Angst machen. Gegen die Angst gibt es andere Übungen.)

Loslassen können wir nur das, was in unserem Kopf ist. Gedanken, Vorstellungen, Meinungen, Überzeugungen. Dogmen. Das sind die Dinge, die wir festhalten und die selbst über keine eigene Kraft verfügen. Für so ein Thema eignet sich die folgende Übung.

Nimm dir einen Tag frei für diese Übung. Mache diese Übung unbedingt allein. Packe dir einen Rucksack mit einem Picknick, einem guten Taschenmesser und einer Schnur. Beginne im Morgengrauen. Wandere aus der Stadt. Bewege deinen Körper. Wandere an einen einsamen Ort.

Sammle unterwegs interessante Steinchen, Zweige, Blumen und andere Gegenstände aus der Natur auf, die dir spontan ins Auge springen oder dir besonders gefallen. Wenn der Mittag kommt, mache dein Picknick.

Dann wandere weiter. Suche dir unterwegs einen schönen biegsamen Zweig aus, der sich dafür eignet, einen Flitzebogen daraus zu machen und schneide ihn ab. Suche dir auch einen entsprechenden Zweig aus, der sich gut als Pfeil für diesen Bogen eignet.

Finde schließlich einen besonders schönen und geeigneten Platz in der Natur. Lasse dich hier nieder und lege all die schönen und interessanten Dinge, die du im Laufe des Tages aufgesammelt hast, hier nieder. Erschaffe dir daraus einen Altar. Mache dir deinen Naturaltar schön mit all den Geschenken von Mutter Natur.

Wenn du alles schön hergerichtet hast, bastele dir einen Bogen aus dem dafür gewählten Zweig und der mitgebrachten Schnur.

Dann beginne dein Leid zu klagen.

Sitze vor dem Altar und klage deiner Mutter Natur dein Leid. Wir alle sind Kinder von Mutter Natur. Wir müssen nicht immer nur stark sein. Es ist wichtig, dass wir uns ab und zu auch einmal das Recht heraus nehmen, zu jammern. Die Mutter Natur, wird es dir nicht übel nehmen. Erzähle ihr von deinem Schmerz und warum es dir so schwer fällt, diese eine Sache loszulassen, an der du so festhältst. Sprich so lange, wie du willst und sage alles. Niemand außer Mutter Natur hört dir zu. Wenn du magst, darfst du dich auch wiederholen. Sprich so lange, wie es dich erleichtert.

Wenn du alles, aber auch restlos alles gesagt und dein Leid genügend geklagt hast, dann beende das Gebet. Erhebe dich, lege den Pfeil auf den Bogen. Sprich laut: „Hiermit lege ich xy auf meinen Bogen und sende es in die Welt."

Und dann schieße den Pfeil so weit weg, wie du nur kannst. Tu dies im Bewusstsein, dass du dich damit endgültig von jener Sache, an der du bisher immer so festhieltest, getrennt hast.
Kehre dann um und lebe freier.

Die meisten Menschen verwechseln Loslassen mit Fallenlassen.

Wenn du zum Beispiel deinen Sohn nicht loslassen kannst, dann geht es nicht darum, ihn in Zukunft zu ignorieren und in seinem Leid allen zu lassen. Das wäre fallen lassen. Lasse keinen Menschen fallen, aber lasse ihn los. Halte deine Finger nicht um ihn geschlossen, sondern öffne deine Hand mit der Handfläche nach oben, so dass er weiterhin bei ihnen landen kann. Es ist dein Sohn. Er wird immer ein Teil von dir sein. Aber das ist er auch, wenn du dir nicht seinen Kopf zerbrichst und wenn du dir nicht unentwegt Sorgen um ihn machst.

ÜBUNG: DIE GEFÜHLE BEWEGEN

Stelle dich mitten in deinen Raum, schließe die Augen und spüre einfach, was für Emotionen zurzeit gerade in dir aufsteigen.

Dann erlaube deinem Körper, diese Gefühle tanzend zu bewegen. Bewege deine Gefühle im Körper. Erlaube nicht dem Verstand hier die Regie zu führen und bewege auch nicht deine Körpergefühle, denn um diese geht es bei dieser Übung nicht. Bewege die Emotionen deines Herzens. Lasse den Körper die Bewegungen finden, die zu deinen Gefühlen passen. Tanze dieses Gefühl zuerst in der Stille, ganz ohne Musik.

Suche dir erst später die dazu passende Musik und tanze das Gefühl noch einmal dazu.

Welche Funktion hat diese Übung?

Sie hilft dir zu bemerken, was du fühlst. Das ist sehr unterstützend, denn wir sind in unserer Gesellschaft so sehr im Verstand, dass wir unsere Gefühle meistens gar nicht mehr wahrnehmen.

Sie hilft dir auch, die Gefühle über den Körper zu bewegen. Der Körper kennt keine Wertung, die ist nur in unseren Köpfen. Wenn du zum Beispiel ein Gefühl als Bild malen willst, kann es geschehen, dass der Kopf sich einfach zu sehr einmischt und dich dazu veranlasst, dein Bild so zu mahlen, wie der Verstand es interpretiert hat. Der Körper kennt das nicht. Er bewegt einfach das Gefühl, wie es ist.

Es ist sehr heilsam, seine Gefühle im Körper zu bewegen. Mitunter geschehen Heilungsfortschritte einfach nur durch diese Übung. Emotionen müssen bewegt werden, sonst können sie unter Umständen Krankheiten erzeugen. Wenn wir wieder dahin gelangen, sie durch unseren Körper zu bewegen, dann kann das nicht nur diesen Prozess aufhalten, sondern sogar wieder umkehren. Es tritt Heilung ein.

Warum zuerst ohne Musik tanzen?

Am Anfang, wenn du in dieser Disziplin noch ungeübt bist, kann es mit Musik passieren, dass du zu schnell von deinem Gefühl weg gerätst und einfach zur Musik tanzt. Hier geht es ja aber nicht ums Tanzen, sondern um das Fühlen. Deshalb festige erst deine Fähigkeit, Gefühle tanzend zu bewegen, bevor du die eine Musik auflegst.

ÜBUNG: DIE RICHTIGEN WORTE FINDEN

Diese Übung ist ganz einfach. Sicher passiert es dir auch manchmal, dass andere dir etwas sagen, über das du dann lange nachdenken musst. Du kannst nicht aufhören, dich darüber zu ärgern und stellst dir vor, was du dieser Person gesagt hättest, wenn du in dem Moment darauf gekommen wärest.

Wenn du so einen Zustand erlebst, dann lass es laut stattfinden. Nimm dir wirklich Zeit dafür, mache diese Übung allein. Du denkst doch sowieso die ganze Zeit darüber nach, dann kannst du es auch laut tun. Versuche wirklich herauszufinden, was du hättest sagen können. Überlege dir die Antwort und dann sprich sie laut aus. Spüre dabei in dich hinein, ob dir diese Antwort ein tiefes Gefühl der Befriedigung gibt. Es ist nämlich so: Wenn du den richtigen Satz oder die richtige Aussage gefunden hast, dann stellt sich dieses tiefe Gefühl der Befriedigung ein und du hast keine Lust mehr, weiter darüber nachzudenken. Du bist fertig und der Impuls ist zu Ende. Wenn dies aber nicht der Fall ist – und das wird es vermutlich nicht so schnell sein – dann ist deine Antwort noch nicht perfekt. Dann überlege erneut, finde eine bessere Antwort, baue ruhig auf der ersten auf, wenn du willst. Sage es anders, sage es besser und vor allem, sage es laut. Dann spüre wieder in dich hinein, ob dich diese Antwort befriedigt. Anfangs kann es sein, dass du lange nach einer Antwort suchen musst, die dich wirklich zutiefst befriedigt. Aber irgendwann hast du sie. Dann fühlst du dich gut damit. Das leichte an dieser Übung ist, dass du ja schon die Motivation, dich damit zu beschäftigen, in dir hast. Wir machen diese Übung immer nur dann, wenn sowieso so eine Sache nicht aufhört uns im Kopf herum zu gehen. Der Impuls, sich damit zu beschäftigen ist da. Jetzt musst du es nur noch laut, mit Stimme tun.

Was dir das bringt? Es ist eine Art Kursus in Schlagfertigkeit, den du dir selber gibst. Du wirst mit der Zeit immer besser und besser darin, den richtigen Satz zu finden und ihn auch schnell zu finden. Anfangs brauchst du vielleicht ganze zwei Wochen dazu. Später nur noch zwei Tage, dann zwei Stunden, dann zwei Minuten und dann – gar keine Wartezeit mehr.

Das ist eine tolle Übung, der ich meine ganze Schlagfertigkeit verdanke. Ich kann sie nur empfehlen.

Wenn du gern mehr Übungen haben möchtest, die du erst einmal allein machen kannst, dann empfehle ich dir, die Bücher von Arnold Mindell zu lesen. Er hat einen ganzen Haufen wunderbarer Bücher veröffentlich und fast immer hält er es so, dass hinter jedem Kapitel eine zu dem Kapitel gehörende Übung aufgeführt ist. Diese Übungen sind der reinste Goldschatz. Die ersten Übungen eines Buches sind immer ganz einfach und dann baut er Schritt für Schritt darauf auf, bis du schließlich ganz faszinierende Erfahrungen dabei machst. Das wird dir sehr viel Spaß machen und dich zugleich weiter bringen. Ich bin ein großer Fan von Arnold Mindell und seiner außergewöhnlichen Arbeit. Ich kann ihn dir wärmstens empfehlen.

14 Persönlichkeitsentwicklung - das Thema der Zukunft

Manchmal fragen mich die Menschen, ob so eine Entwicklung denn nicht dazu führt, dass einen keiner mehr verstehen kann. Ja, das stimmt, aber vorher hat uns doch auch keiner verstanden.

Wie hätte uns jemand verstehen sollen, wenn alle so tief im eigenen Film sind und nur sich selber wahrnehmen? Wie könnte uns jemand verstehen, der die ganze Zeit über darüber nachgrübelt, dass er dich nicht mag, oder dass seine Eltern sie nicht mögen, oder dass sie vielleicht im falschen Seminar ist und so weiter. Von Menschen in diesem Zustand wird man sowieso nicht verstanden. Das zu glauben, wäre eine Illusion. Und diese Menschen verstehen mich jetzt auch nicht, logischerweise, weil sich bei ihnen noch nichts verändert hat.

Aber es sind ja nicht alle so. Es gibt immer mehr und mehr Menschen, die sich mittlerweile sehr für ihre eigene Entwicklung interessieren. Und ich glaube, Persönlichkeitswachstum ist das Thema der Zukunft. So wie die Dinge jetzt liegen, so kompliziert, wie sich das Leben inzwischen gestaltet, so herausfordernd wie der Arbeitsmarkt jetzt ist, so frustrierend wie die Geschäfte der Selbständigen laufen, so beängstigend wie die Weltsituation ist, werden wir diesen Schritt schlicht und ergreifend brauchen. Sonst können wir vielleicht physisch überleben, aber seelisch nicht. Wir können nicht zulassen, dass wir immer noch mehr und noch mehr ausgebeutet werden, dass die Daumenschrauben an unseren Arbeitsplätzen immer enger angezogen werden, dass so viele Menschen auf dieser Welt in Unfreiheit leben, dass unser Fleiß und unsere Arbeit keinen Wert mehr haben sollen. Das macht uns alle kaputt. Burnout und Depressionen greifen um sich. Die Komfortzonen krachen zusammen. Wir brauchen diesen Paradigmenwechsel. Wir brauchen die neue Sichtweise auf die Welt und für uns selbst.

Wenn wir uns entwickeln und viele andere Menschen auch, dann wird sich die Welt verändern. Nicht schnell, nicht über Nacht, aber jeder Baustein zählt. Wenn es immer mehr starke, freie und entwickelte Menschen gibt, die sich trauen, nein zu sagen, dann müssen die Firmenchefs umdenken, weil sie einfach keine Arbeiter mehr finden werden.

Aber vor allem brauchst du es für dich selbst. Jeder Verlust einer Komfortzone zieht eine Krise nach sich. Ich habe um mich herum und auch in meinem Leben noch nie so viele Komfortzonen in so schneller Folge fallen sehen, wie im Jahr 2015. Was soll denn aus dir werden, wenn du den Weg in die Entwicklung nicht gehst? Dann bleibst du in der Krise stecken und lebst von der Hoffnung, die sich nie erfüllt.

Die eigentliche Hoffnung liegt genau hier, in der Persönlichkeitsentwicklung.

Vor kurzem habe ich eine Website gesehen, wo auch jemand Coachings und Seminare für Persönlichkeitswachstum anbot. Seine Erklärung war, dass er dich fit macht für den Arbeitsmarkt. Der Arbeitsmarkt ist härter geworden, die Anforderungen höher, du musst dich entwickeln, um da mithalten zu können.

Buh!

Du solltest dich lieber entwickeln, um dem eine Absage erteilen zu können. Die Welt wird nicht besser und das Leben nicht leichter, wenn wir uns immer wieder unter dieses Joch begeben und uns noch extra fit dafür machen. Ich will mit diesem Buch nicht dazu beitragen, dass die Unterdrückungsmechanismen noch mehr Leistung und Kraft aus den Menschen herauspressen. Es ist doch schon viel zu viel!

Errichten wir uns doch einfach eine neue kleine Welt um uns herum. Eine eigene Welt, in der Liebe wichtig ist, Entwicklung praktiziert wird, wir unsere Mitmenschen wahrnehmen, sie uns nicht egal sind und wir ihnen auch nicht. Und nebenan macht einer genau dasselbe, erschafft sich auch seine eigene Welt und nebendran gleich noch einer. Dann könnt ihr eure Welten miteinander verbinden. Ich lebe schon seit Jahren genau so und ich habe bereits Menschen um mich herum, die sich mit mir verbinden. Es gibt noch andere, die alle dasselbe tun. Einige machen sich selbständig, andere bauen selbst ihre Nahrung an, wieder andere geben die notwendige Unterstützung. Mir gefällt der Gedanke, dass wir die Welt der großen Haie einfach links liegen lassen und ohne sie weiter machen. Dafür brauchen wir die innere Entwicklung. Wir können uns dahin entwickeln, dass wir den Mut finden, solche Schritte zu gehen. Die Entwicklung unserer Persönlichkeit öffnet uns auch die Tür zur Kraft und zum Ideenreichtum, zu unserer Fähigkeit, auch im Bereich der Problemlösung kreativ und einfallsreich zu werden. Wir erwerben die Fähigkeit, unsere eigenen Qualitäten zu erkennen und anzuerkennen, ja an uns selbst zu glauben. Innere und äußere Selbständigkeit wird wachsen ebenso wie Kommunikationsfähigkeit und überhaupt unsere sozialen Qualitäten. Wir hören auf, ein undurchsichtiger Eintopf von Möglichkeiten vermischt mir Problemstrukturen zu sein und entwickeln uns zu klaren, wachen, tiefen, innerlich reichen

Individuen. Je reicher du innerlich wirst, umso mehr Möglichkeiten tun sich für dich auf. Hast du nur dein kleine Lehre absolviert und wagst nicht über den Tellerrand zu schauen, dann gibt es da nicht viel zu sehen für dich. Aber wenn deine ganzen vielfältigen Qualitäten entwickelt sind, ebenso wie dein Mut und deine Flexibilität, dann springst du einfach mal runter vom Tellerrand und stürzt dich in eine bunte Welt voller Menschen, Chancen und Ideen.

Niemand ist eine flache Pfütze. In jedem – auch in dir – gibt es viele Talente, Fähigkeiten, Anlagen und Ideen. Wenn du es nicht wagst, diese zu entwickeln, macht nichts, dann beginne doch damit, zuerst den Mut zu entwickeln, den du dafür benötigst. Fange einfach da an, wo deine Füße jetzt gerade stehen.

Wir tun jetzt das, was gewisse Kräfte seit Jahrhunderten verhindern wollten: Wir werden, wer wir wirklich sind.

Das wir dies nun tun können, ist bereits das Ergebnis einer über mehrere Jahrhunderte laufenden Menschheitsentwicklung. In früheren Zeiten – und die liegen noch gar nicht so lange zurück – gab es noch gar keine Individualität. Die wurde im Grunde erst vor 50 Jahren so richtig entdeckt. Anfangs wurden diejenigen, die sich „selbst finden" wollten belächelt. „Sich selbst finden, was soll denn der Quatsch? Was will sie denn da finden? Die soll mal lieber ihre Küche wiederfinden und ihrem Mann das Essen vorsetzen" Das habe ich als Kind einmal jemanden sagen hören. Da war ich vielleicht so an die 8 Jahre alt, nun bin ich 58. Es ist also ziemlich genau 50 Jahre her, als die ersten Hausfrauen sich auf den Trip begaben, ihre Individualität zu finden. Früher gab es feste Regeln, wie man sich zu verhalten hatte und ebenso gab es auch feste Regeln, was man zu glauben, zu denken und für richtig zu halten hatte. Der Vater übergab die Regeln an seinen Sohn, die Mutter an die Tochter. Noch früher gab es Gilden. Wenn dein Vater einer

Gilde angehörte, dann war es für dich klar, dass du in seine Fußstapfen zu treten hattest. Du nahmst den Beruf deines Vaters an. In der Gilde hatte der Gildemeister das Sagen. Er tat kund, was richtig und falsch war, was man zu tun und wie man sich zu verhalten hatte. Noch früher war es die Kirche, die diese Aufgabe für uns übernahm. Die Kirche war eine überaus mächtige Institution, die ihre Richtlinien mit Feuer und Schwert durchzusetzen vermochte. Da wurde dir schon klar gemacht, was du zu tun hattest und was du glauben durftest. Und in der Zeit davor war es sogar noch enger. Da gehörte fast jeder Mensch einem anderen. Wenn du ein Bauer warst, dann gehörtest du deinem Grafen. Der Graf hatte aber auch einen Herrn, den Fürsten. Der Fürst hatte seinerseits den Papst als Herrn, na und der gehörte Gott. Nicht ohne Grund sprechen wir bis heute von „Gott, dem Herrn". Damit ist nach wie vor gemeint, dass Gott unser Herr ist, der uns besitzt, dessen Eigentum wir sind und der mit uns machen kann, was er will. Ich teile diese Sichtweise nicht, aber sie wird noch in Kirchenkreisen geteilt.

In all diesen Zeiten war individuelles Persönlichkeitswachstum ja gar nicht möglich. Du konntest dich gar nicht entwickeln. Du hattest dich einfach an die Verhaltensregeln zu halten. „Mach es, wie man dir gesagt hat, mehr musst du nicht wissen!" Es wurde übrigens auch gar nicht erwartet, dass du ein guter Mensch warst. Es reichte völlig aus, die Dinge zu tun, die man von einem guten Menschen erwartete. Wer du dabei innerlich warst, interessierte nicht.

Viele Menschen haben das bis heute noch nicht verstanden. Sie möchten gern gute Menschen sein und benehmen sich entsprechend. Sie begeben sich in die Rolle des guten Menschen. Mit den Regeln ist das heute etwas komplizierter, aber man kann ja eine kleine Anleihe machen, etwa bei Deepak Chopra oder beim Dalai Lama. Die sind ja große Lehrer, was sie uns lehren, wird schon richtig sein. Und dann halten sich die Menschen daran, so gut sie eben können, genau wie in alten Zeiten. Nur, dass wir etwas länger suchen müssen, um jemand Wichtiges zu finden, der uns sagt, was wir tun und glauben sollen. Daran ist nichts verkehrt, aber wir leben in einer ganz neuen Zeit mit ganz neuen Möglichkeiten, die es zuvor so nie gegeben hat: Du darfst jetzt wirklich selber denken und du darfst dich tatsächlich entwickeln, wenn du das willst. Die Türen dafür sind offen.

Auch heute noch gibt es Kräfte, die uns gern daran hintern möchten, diese Freiheiten zu entdecken und sie uns zu nehmen. Du begegnest diesen Kräften zum Beispiel in der Agentur für Arbeit, wenn dir dein Sachbearbeiter deinen Traum, dich mit deinen handgefertigten Göttinnen Kleidern für üppige Frauen selbständig zu machen, ausredet und dich in eine Lehre zur Anwaltsgehilfin stopft.

Der Entwicklungsgedanke ist einfach noch zu neu. Die meisten Menschen begreifen die darin liegenden Möglichkeiten noch nicht. Sie wollen dir helfen, indem sie dir den Schneid abkaufen, dich kleiner machen, entmutigen, dir Angst machen, bis du es einfach nicht mehr wagst, etwas anders zu machen, als man dir gesagt hat.

Da ist noch viel Entwicklungsarbeit zu leisten.

Entwicklung funktioniert nicht, indem man sich an Regeln hält. Entwicklung bedeutet, dass etwas in uns wächst. Wenn ich das Gute in mir habe wachsen lassen, dann brauche ich keine Regeln mehr, um mich gut zu verhalten. Ein guter Mensch tut automatisch gute Dinge.

Dann kann es sogar sein, dass ich gegen Regeln verstoße, um etwas Gutes tun zu können.

Die Zeit, in der wir leben, hat uns eine Tür geöffnet, eine große Tür sogar, die Tür zu unserer eigenen Persönlichkeitsentwicklung. Es wird Menschen geben, die voller Neugier, allen voran durch diese neue Tür stürmen.

Andere werden abwarten und zuschauen. Und wieder andere werden es verurteilen. So ist es immer.

Die, welche gegangen sind, erleben aber die größten Abenteuer und haben den meisten Spaß. Sie sind die Pioniere. In dreihundert Jahren oder so, finden wir uns sowieso alle auf der anderen Seite wieder.

Einst war die „neue Welt" Amerika so eine Tür. Die Mutigsten und jene, die am verzweifeltsten waren, durchquerten sie als erster, wagten sich als Pioniere in das neue Land, erlebten viele Dinge und bauten sich hier etwas auf. Inzwischen ist an Amerika gar nichts mehr neu. Die Existenz dieses Kontinents gehört für uns alle zum Alltag. Wir sehen täglich amerikanische Filme und Serien im Fernsehen und verwenden zahlreiche Produkte, Informationen, Techniken und Know Hows von dort. Was einst die Zukunft war, ist zur Gegenwart geworden. Und nun gibt es wieder eine „neue Welt" zu entdecken, die erstaunliche, facettenreiche, multidimensionale, methodenreiche Welt des Persönlichkeitswachstums. Hier kannst du nicht nur innere Abenteuer erleben, nein, hier ist noch so vieles unentdeckt, dass du selbst zum Entdecker und Erfinder werden kannst. Es gibt bisher nur wenige Namen großer Pioniere auf diesem Gebiet: Arnold und Amy Mindell, Max Schuppach, Anita von Hertel…

Sie haben unterschiedliche Methoden entwickelt, die zu echtem Persönlichkeitswachstum führen. Ich bin mir sicher, da kommt noch viel mehr und es wird auch noch viel mehr gebraucht. Ich selbst habe dem auch einiges hinzugefügt, aber hier ist noch ganz viel Platz für kreative Geister, die gerne Menschen dabei helfen, sich zu entwickeln. Neue Ideen werden entstehen, neue Tricks und Methoden werden entwickelt werden. Wenn das zufällig genau dein Ding ist, dann nur zu, stürze dich hinein in diese neue Welt.

Und wenn du kein Erfinder sein willst, nur jemand, der sich selber findet? Auch dann ist das auch dein Weg.

15 UND DIE LIEBE?

Nun haben wir den 4.2.2016. Ich bin fast fertig mit diesem Buch, aber eine Sache bleibt noch zu sagen:

Wie du sicher bemerkt hast, ist der Titel dieses Buches „keine Liebe ohne Hoffnung". Darauf möchte ich hier noch einmal zurück kommen.

Worin besteht noch mal schnell die Hoffnung?

Es gibt dir Hoffnung, dass alles einen Sinn hat und der Sinn ist die Entwicklung deiner Persönlichkeit. Es geht im Leben nicht um Liebe. Sie ist nicht das Ziel. Das Ziel ist die Entwicklung. Aber du kannst deine Fähigkeit entwickeln zu lieben. Du kannst sogar deine Fähigkeit entwickeln, geliebt zu werden. Bei den meisten Menschen, die so verzweifelt nach Liebe dürsten, ist nämlich genau das das eigentliche Problem. Sie sind bereits Liebende, aber sie wissen nicht, wie man sich lieben lässt. Wenn du dich nicht dafür öffnen kannst, geliebt zu werden, beschenkt zu werden, auf Händen getragen zu werden, dann rennt sich selbst Gott an deiner Tür den Kopf ein. Er kommt mit seinem Herzen voller Liebe und du machst nicht auf. Ich kenne sehr viele Menschen, die weder um Hilfe bitten, noch Hilfe annehmen können. Wenn ein Mann dich liebt, dann verehrt er dich auch. Er will alles Mögliche für dich tun. Kannst du das zulassen? Kannst du dir das überhaupt für dich selbst vorstellen? Falls nicht, könntest du diese Fähigkeit in dir wachsen lassen. Wenn du nicht fähig bist, wirklich zu glauben, dass es jemanden gibt, der dich sucht, der dich will, dich, so wie du bist, dich mit all deinen Eigenschaften und Qualitäten, wenn du das nicht wirklich glauben kannst, dann kannst du auch nicht darauf hoffen. Du besitzt vielleicht etwas in dir, das sich wie Hoffnung anfühlt, aber dieses Gefühl ist trügerisch. Kennst du das alte Sprichwort „Hoffen und Harren macht manchen zum Narren"? Das Sprichwort wendet sich nicht gegen die Hoffnung an sich, sondern gegen jene trügerische Illusion, die dich dazu verführt zu warten, dir einzureden, der Richtige würde kommen und dich dabei nicht selber zu bewegen. Was sich da nämlich wie Hoffnung anzufühlen scheint, ist in Wirklichkeit wünschen. Wünschen ist etwas für Kinder, nicht für Erwachsene. Kinder dürfen dem Weihnachtsmann einen Brief schreiben, in dem sie ihm ihre Wünsche anvertrauen und dann keinerlei Verantwortung für deren Erfüllung übernehmen. Für Kinder ist das okay. Die Eltern tragen die Verantwortung für die Erfüllung ihrer Wünsche.

Erwachsene Menschen sollten sich vom Wünschen verabschieden und damit beginnen, etwas zu wollen. Wille impliziert, dass wir auch Verantwortung für die Erfüllung unserer Willen übernehmen. Wir kommen in die Hufe, wir bewegen uns, setzen Anzeigen in die Zeitung, tun uns im Internet um, begeben uns ins Leben und unter die Menschen, sorgen dafür, dass das hilfreiche Schicksal auch recht viele Gelegenheiten bekommt.

Aber genau dabei erweist es sich dann, ob du wirklich Hoffnung hast, oder ob es noch wünschen ist. Hier ein Beispiel.

Meine Freundin, Jana, näht schöne Kleider für üppige Frauen, ihre Göttinnenkleider. Die Idee dazu stammt aus jenem Seminar, von dem ich zuvor auch schon gesprochen habe. Das Seminar, indem wir uns alle in Göttinnen verwandelten, um unsere höchste Ebene zu erfahren. Jana hat sich und auch mir ein Kleid für diesen Anlass genäht. Die schönen, bodenlangen Kleider aus fließendem Stoff schmiegten sich so wundervoll um unsere Körper wie luftige weiche Wolken. Wir mochten sie gar nicht wieder ausziehen. So entstand der Gedanke, mehr solcher Kleider zu nähen, um noch viel mehr üppigen Frauen dazu zu verhelfen, sich nicht mehr als essgestörte, unzulängliche Figurversagerinnen zu fühlen, sondern als üppige, kraftvolle, wunderschöne Göttinnen. Dafür tat Jana sehr vieles, sie kaufte nicht nur unterschiedliche Stoffe und nähte etliche Göttinnenkleider, sondern setzte es auch bei der Agentur für Arbeit durch, dass sie es damit versuchen durfte und nicht gleich in die Vermittlung gestopft wurde. Sie nahm sich einen Stand auf einem Weihnachtsmarkt und einen weiteren auf einer Hochzeitsmesse. Schließlich gibt es auch viele Göttinnen unter den Brautmüttern. Alle bejubelten ihre Kleider, aber verkauft hat sie nichts. Schließlich gestand sie mir, dass sie sich nicht wirklich vorstellen kann, dass jemand Geld für ihre Arbeit ausgeben will. Keine echte Hoffnung in ihr!

Viele weibliche Selbständige werden das kennen. Am Anfang haben wir fast alle diese Zweifel. Diese Zweifel besitzen eine gewisse Schöpferkraft. Sie sorgen dafür, dass niemand kauft. Klar kann man sich dann einfach in die „Hoffnung" stürzen und sich immer wieder sagen, irgendwann habe ich meinen Durchbruch. Aber so verändert sich die Situation nur zum schlechteren. Was wir brauchen ist nicht diese Art Hoffnung, die uns dazu verführt, uns nicht zu entwickeln. Wir brauchen die echte Hoffnung, jene Hoffnung die daraus entsteht, dass wir tief in unserer Seele spüren: Der Erfolg ist ein Teil von mir. Und was ein Teil von mir ist, wird zu mir kommen.

Kennst du den Unterschied?

Als ich im Internet zum ersten Mal ein Bild von einem Part Mobil sah, dem wundervollen Elektrodreirad, das ich heute besitze, da hat meine Seele dieses Fahrzeug sofort als „mein Eigen" erkannt. Irgendwie wusste ich, das Ding werde ich haben. Dabei war das gar nicht so wahrscheinlich, denn diese Dreiräder kosten mehr als 5000 Euro, eine für mich illusorische Summe. Aber der Impuls war so stark und der Sog so mächtig, dass ich mir einen Termin für eine Probefahrt machte, mich in den Zug nach Hamburg setzte und zu dem Händler fuhr.

Als ich losfuhr, hatte ich nicht die Vorstellung, wie das gehen sollte. 5000 Euro!!! Also ohne einen Lottogewinn konnte das doch gar nicht klappen. Und ich kam mit einer sehr konkreten Hoffnung zurück.

Der Händler hatte mir versprochen, für mich ein gebrauchtes Fahrzeug zu finden, dass ich für etwa 1000 € haben sollte. Das war eine viel überschaubarere Summe und meine ganzen Freunde halfen mir, die Summe aufzubringen.

Ich habe mir nicht schmachtend immer wieder Bilder des Fahrzeugs voller Sehnsucht angeschaut und auf mein Glück gehofft. Ich bin aktiv geworden in jeder mir zur Verfügung stehenden Hinsicht, weil meine Seele „wusste", dieses Fahrzeug gehört zu mir.

Wenn du dir noch nicht darüber im Klaren bist, ob du wirklich daran glauben kannst, dass der Richtige dich findet und dich lieben wird, dann werde aktiv und du bekommst es bald heraus. Solltest du noch keine echte Hoffnung in dir tragen, werden deine Aktivitäten dir sehr schnell ziemlich viel Angst einjagen. Daran kannst du es erkennen. Da du dich ja inzwischen durch dieses ganze Buch gearbeitet hast, weiß du inzwischen sicherlich, wie du dann vorgehen kannst. Du nimmst den Komfortzonenverlust an und findest das neue Element, welches zu dir will. Das kann mehr Selbstvertrauen sein, mehr Selbstwertgefühl oder auch mehr Hoffnung.

Ich merke schon, wir brauchen hier so etwas wie ein neues Wort um Unklarheiten zu vermeiden.

Das, was dich warten und wünschen lässt, nennen wir hier einfach mal Traum. Und das, was dich aktiv werden lässt, weil du es als einen Teil von dir fühlen kannst, nennen wir Hoffnung.

Nur von der Liebe zu träumen, wird dir keine Liebe bringen. Um die Liebe in dein Leben zu ziehen, benötigst du echte, konkrete Hoffnung.

Diese Hoffnung darfst du hegen. Du hast allen Grund dazu, denn du kannst dich entwickeln. Was immer fehlt, du kannst es wachsen lassen. Was immer dich zuvor hat verzweifeln lassen, du kannst es im neuen Lichte der Entwicklung neu sehen.

Du fühlst dich alt? Nimm diesen Kummer und finde das neue Element, auf welches er dich aufmerksam macht. Vielleicht ist es Weisheit.

Du fühlst dich dick? Nimm auch diesen Kummer und finde auch dieses neue Element. Vielleicht ist es die Göttin in dir?

Du fühlst dich hässlich? Vielleicht will deine innere Schönheit auf sich aufmerksam machen, vielleicht geht es auch darum, aus den Äußerlichkeiten heraus zu kommen und zu erkennen, dass du mehr bist, so viel mehr als nur dein Körper. Vielleicht geht es aber auch darum, dass dir die Fähigkeit zuwächst, dich selbst mit den Augen Gottes zu sehen. In seinen Augen bist du wunderschön.

Wenn du das sehen und fühlen kannst, dann wird es niemanden mehr geben, der dich noch für hässlich hält.

Jetzt hast du begründete Hoffnung.

Du hast begründete Hoffnungen darauf, dass alles an dir wachsen und gedeihen kann, dass dir aus allem Schmerz noch etwas Wundervolles erwächst, dass du dich verwandeln kannst in jemanden, der all das bekommt, was du willst.

Das ist es, was ich dir mit diesem Buch schenken wollte.

WER IST DE WISE FRU?

De Wise Fru ist eine heitere, offene, verspielte und unglaublich unterstützende Frau. Die meisten ihrer Qualitäten liegen im Bereich des sozialen Lebens. Sie gründet Gemeinschaften wie den Stamm der Weisen, beteiligt sich an Projekten wie dem Kunstfestival „Wagen und Winnen" moderiert Messen, um Freunden dadurch behilflich zu sein, stürzt sich immer wieder gern und mit Begeisterung unter die Menschen. Dabei tut sie oft Dinge, die die Menschen verblüffen. Ihr Auftritt in einem Sketch bei dem Lokal Looser Wettbewerb des Kulturvereins Raum 2 sorgte allenthalben für Verwunderung. Wie kann eine Frau, die sich so heiter über die Esoterik mokiert, denn ein spiritueller Mensch sein? Ihre Antwort lautet: „Nur wer fähig ist, über sich selbst zu lachen, kann sich als ernsthafte spirituelle Persönlichkeit betrachten".

Die drei Worte, die sie wohl am treffendsten beschreiben sind: Lebendig, kraftvoll und irdisch. Ihre Augen leuchten, wenn sie spricht.

Den Menschen gegenüber ist sie stets mütterlich, respektvoll, herzlich und freundlich und sie wird nie eine Qualität ihres Gesprächspartners übersehen.

Sie liebt Tiere und die Tiere erwidern diese Liebe. Vor einigen Jahren blieb ein Wolf, der seine Beute schon im Maul trug, am Wegesrand stehen, keine 10 Schritte von ihr entfernt, um sie zu bestaunen. Einmal erlebte ich es, wie sie einen Schmetterling rettete, der sich verirrt hatte, indem sie ihn einfach aufforderte, auf ihren Finger zu fliegen. Der Schmetterling tat wie geheißen und ließ sich in die Natur zurückbringen. Sie ist eine Quelle der Weisheit und der Wahrheit, ohne jede Neigung damit anzugeben. Aber wer fragt, wird immer Antwort bekommen.

Sie verwandelt ihre Schüler in Freunde, denn sie hat nicht das Bedürfnis über anderen zu stehen. Als reine, unschuldige Seele, die sie ist, gelingt es ihr finanziell kaum je, auf einen grünen Zweig zu kommen. Zu wenig ausgeprägt ist ihr Draht zum Geld, aber sie geht immer völlig entspannt mit Menschen um, die in ihr Haus kommen, um zu pfänden. Ich habe dies selbst miterlebt. Der Vollzugsbeamte kam, um zu pfänden und blieb, um zu helfen. Sie ist vielleicht der einzige Mensch, der sogar von seinen Gläubigern geliebt wird.

Der inhaltliche Erfolg ihrer Arbeit ist allerdings unbestritten. Sie hinterlässt machtvolle und segensreiche Spuren in der deutschen Spiritualität, in den Herzen der Menschen, die ihr begegnet sind und – dies vielleicht mehr als alles andere – im morphogenetischen Feld unseres Landes.

Jana Petersen

Ebenfalls von der Autorin erschienen sind:

Werde Glücksbringer

Sieben Schlüssel zu den Türen deiner Kraft

Von De Wise Frau, Kim Barkmann

Lebende Glücksbringer sind Menschen, die ihre Wahrheit gefunden haben und sie leben. Wer sich so einem wahrhaftigen Menschen nähert, begibt sich in die Schwingung von Wahrheit. Dadurch wird auch die Wahrheit in ihm zum Schwingen gebracht und erzeugt Veränderungen in seinem Bewusstsein. So können wahrhaftige Menschen zu Glücksbringern werden.

In Briefen an ihre Freundin Steffi vermittelt Kim Barkmann sieben Einsichten, die als Schlüssel fungieren, um die Türen zur Wahrheit zu öffnen. Hinter jeder Tür beginnt freilich ein Weg, der gegangen sein will. Wem es gelungen ist, diese Einsichten in sein Leben und sein Selbst zu integrieren, der kann sich auf den Weg machen, um ein Glücksbringer für sich, für andere und in dieser Welt zu werden.

Erschienen bei: BoD – Books on Demand, Norderstedt

ISBN 978-3-7322-5679-2

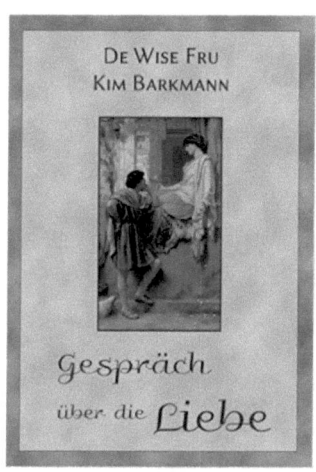

Gespräch über die Liebe

Von De Wise Fru, Kim Barkmann

Im vorliegenden Buch schreibt Kim Barkmann über die Liebe aus der Sicht der weisen Frau. Welche Funktion hat die Liebe für uns Menschen? Wie geht man mit ihr um? Was können wir tun, um Liebende zu werden? Diese und viele andere Fragen werden hier beantwortet. Es geht um einen nicht alltäglichen Blickwinkel, der vieles erklärt und erhellt.

Erschienen bei: BoD – Books on Demand, Norderstedt

ISBN 978-3-8482-5628-0

Der Wendepunkt der Angst

Von De Wise Fru, Kim Barkmann

Angst ist in Wahrheit Kraft.
Die Kraft hat eine Absicht.
Wir können unsere Angst in Kraft umwandeln, indem wir sie in uns aufnehmen.
Das sind die drei Schlüssel gegen die Angst, wie sie in diesem Buch dargestellt werden.

Erschienen bei: BoD – Books on Demand, Norderstedt

ISBN 978-3-8482-0106-8

13 Gesetze der Weisheit

Ein Leitfaden für Schamanen und Therapeuten

Von De Wise Fru, Kim Barkmann

Die Gesetze der Weisheit sind die Naturgesetze menschlichen Handelns. So wie andere Naturgesetze auch verraten sie uns, in welche Richtung die Kraft fließt. Viele Menschen kämpfen unbewusst gegen die sozialen Naturgesetze an und ihr Misserfolg macht sie traurig und verbittert. Wir können die Naturgesetze aber auch nutzen. Wenn wir eine Tasse auf einem Tisch abstellen, nutzen wir das Gravitationsgesetz. Solange keine zusätzliche Kraft die Tasse anstößt oder aufhebt, wird sie dort auf dem Tisch in Position bleiben und auf uns warten. Genau so kann jeder von uns auch durch klares Verstehen der sozialen Naturgesetze das Segelschiff seines Lebens in den Wind der Kraft legen und sich von ihr unterstützen und voran bewegen lassen. Es hat zu allen Zeiten Menschen gegeben, die diese Geheimnisse kannten und sie zu nutzen wussten. Mit diesem Büchlein übergebe ich das Wissen nun auch an dich.

Erschienen bei: BoD – Books on Demand, Norderstedt

ISBN 978-3-7392-3818-0

Der Riesenvogel und der wilde Bär

Ein schamanisches Märchen nicht nur für Kinder

Von De Wise Fru, Kim Barkmann

Lustig, spannend und voller Lebensweisheit wird die Geschichte erzählt, wie die Heilerin im Wald ihren Nachfolger unter den sieben Kindern einer klugen Mutter auswählt.

Erschienen bei: BoD – Books on Demand, Norderstedt

ISBN 978-3-8423-2734-4

Der freie und der wahre Wille

Von De Wise Fru, Kim Barkmann

Weise Menschen kennnen viele Geheimnisse von denen die anderen nichts ahnen.

In diesem Heft verrät De Wise Fru uns eines davon: Jeder Mensch besitzt einen wahren Willen. Dieser wahre Wille ist machtvoll.

Wo diese Macht bei Dir verborgen ist und wie Du sie für Dich aktivieren kannst, verrät De Wise Fru in dieser Weisheitsblume.

Die Welt reagiert auf dich

Von De Wise Fru, Kim Barkmann

De Wise Fru beschreibt in dieser Blume der Weisheit wie sehr unser Handeln, Fühlen und Denken sich auswirkt auf das Verhalten unserer Mitmenschen.

Das ist, wie De Wise Fru gerne sagt, eine frohe Botschaft, denn es bedeutet, Du hast es in der Hand positiven Einfluss zu nehmen auf all das was die Welt Dir entgegen bringt.

Dies ist ein Baustein um Dein Leben frei zu bestimmen

ONE NIGHT

Von Circle of Friends

CD: Romantische Lieder für die Jahreskreisfeste und andere schamanische Gelegenheiten.

2013 by Manfred Sorkalla
Texte: De Wise Fru
Musik und Gitarre: Manfred Sorkalla
Interpreten:
Heidi Weih, Jessica Lehmann, Niels Meyer, Kim Barkmann, Katrin Schrembs
Coverdesign: Heike Ellen Pieper

HEILUNG durch das Wort

CD von Kim Barkmann und Manfred Sorkalla

Begleitet vom sanften und einfühlsamen Gitarrenspiel Manfred Sorkallas spricht De Wise Fru, Kim Barkmann, Worte der Heilung direkt in deine Seele. Heilung durch die Macht des Wortes gehört zu den uralten Traditionen, der weisen Frauen Germaniens, in deren Nachfolge Kim Barkmann steht. Sie hat dieses ererbte Talent im Laufe der Jahre zu einer fast unerklärlichen Meisterschaft gebracht.

2012 by Kim Barkmann und Manfred Sorkalla
Texte: De Wise Fru
Musik und Gitarre: Manfred Sorkalla
Coverdesign: Jana Petersen

Die Arbeit mit der inneren Gottheit

Videocoaching

Von De Wise Fru, Kim Barkmann

Weitere:

Video-Coachings und Geführte Meditationen

Und vieles mehr ist über uns erhältlich.

Bestellung unter:

Tel: 039 035 – 60 4 60
E-Mail: dwf@wisewoman.de

Rigmor – Göttinnenkleider

Kleider für besondere Frauen

In jeder Frau steckt eine Göttin und jede Göttin braucht ein schönes Kleid.

Rigmor – Göttinnenkleider

By Jana Petersen
rigmor-kleider.de
Jana_Petersen@web.de

Institut für Weisheit und Persönlichkeitswachstum

Kim Barkmann
In Altensalzwedel 58
38486 Apenburg-Winterfeld
Flecken Altensalzwedel
Tel: 039 035 – 60 4 60
E-Mail: dwf@wisewoman.de

Jana Petersen
Lelka-Birnbaum-Weg 14
22457 Hamburg
Tel: 040 609 220 51
E-Mail: Jana@rfeHamburg.de

www.iwpAltmark.de

Und wer ist Jana Petersen?

(Nachtrag von Kim Barkmann)

Jana Petersen, eben sitzt sie neben mir und gestaltet auf ihrem kleinen Lap Top das Cover für die CD „Heilung". Wer ist sie? Sie ist kreative Schöpferin von Göttinnenkleidern, CD- und Buch Covers, Ideen Geberin für Kinderbücher, Texte, Inhalte, Video Clips, Mitstreiterin, Ersatztochter, beste Freundin, Diplomatin in Krisensituationen, Schnell-Lernerin, Unterstützerin, Seminarleiterin, Helferin in allen digitalen, analogen und sonstigen technischen Angelegenheiten. Sie zeigt mir, wie ich meinen Backautomaten einstellen muss, wie man mit einem call to action button auf einer squeeze page die customer zur opt in Seite locken kann oder wie ich auf meinem Smart Phone zur Kamera Schnelltaste finde. Sie ist die Liebesgöttin, die mit ihren Blicken alles zum Schmelzen bringt von Odin bis zum Küchenjungen. Weise und liebevolle Mutter von zwei großartigen Söhnen, Vorreiterin weiblicher Göttlichkeit, verständnisvolle Schamanenlehrerin und Adjutantin. Sie ist die Assistentin, die auch meinen Humor versteht und mir selbst beim Herumblödeln noch das Wasser reichen kann, die Schneiderin, die mir Kleider näht, in denen ich 10 Kilo schlanker aussehe, die Freundin, mit der das Reden nie langweilig wird, die auch nach anstrengenden Seminaren noch mit mir einen Film guckt, die die ganze Palette mit mir teilen kann von klug bis bescheuert, von lustig bis zum Weinen traurig, von weise bis albern, von hochintuitiv bis Brett vorm Kopf. Immer bereit, immer voller Hingabe an unsere gemeinsame Arbeit immer voller Verständnis für ihren Partner, der zurückstecken muss. Eine moderne und zugleich antike Frau, die an der großen Aufgabe, Kinder, Karriere, Selbstverwirklichung und Freundschaft unter einen Hut zu bringen erfolgreich scheitert und sich das selbst nicht übel nimmt.